창의성의 곳간

숲 그리고 정원

하용식 지음

도서출판 실천

창의성의 곳간
숲 그리고 정원
실천 총서 101

초판 1쇄 발행 | 2021년 9월 10일
초판 1쇄 인쇄 | 2021년 9월 15일

지 은 이 | 하용식
펴 낸 이 | 민수현
엮 은 이 | 이어산
펴 낸 곳 | 도서출판 실천
등 록 번 호 | 제2021-000009호
등 록 일 자 | 2021년 3월 1일
서울사무실 | 서울특별시 종로구 율곡로 6길 36
　　　　　　02)766-8727, 010-6687-4580
편 집 실 | 경남 진주시 동부로 69번길 12 윙스타워 A동 810호
전　　　 화 | 055)763-2245
전 자 우 편 | 0022leesk@hanmail.net
편집·인쇄 | 도서출판 실천

ISBN 979-11-974925-6-3
값 12,000원

* 이 책은 전부 또는 일부 내용을 재사용하려면 저작권자와 '도서출판 실천'의
　동의를 받아야 합니다.
* 이 도서는 국립중앙도서관 출판시도서목록(CIP)은 서지정보유통지원
　시스템 홈페이지(http://seoji.nl.go.kr)와 국가자료공동목록시스템(http://
　www.nl.go.kr/kolisnet)에서 이용하실 수 있습니다.

창의성의 곳간
숲 그리고 정원

하용식 지음

《이 책은 아래 명언의 힘으로 쓰였습니다.》

도저히 가망 없다고 생각되는 일이라도
훈련을 게을리하지 말라.
많이 쓰지 않아서
다른 일에 재빠르지 못한
왼손도
말고삐만은
오른손보다 더 단단하게 잡는다.
그것은 왼손이 그 일을 많이 연습했기 때문이다.

- 로마 황제, 마르쿠스 아우렐리우스 〈명상록 중에서〉 -

prologue
프롤로그

 필자는 2018년 여름에 '사표(師表)'를 잃었다. 필자의 나무와 숲, 인생의 든든한 선생이던 아버지께서 돌아가셨다. 그분에게 배운 나무와 숲에 관한 지식을 다른 사람들과 나누기로 마음먹었다.
 이 책은 숲과 산이 국민에게 제공하는 연간 221조 원(국민 1인당 248만 원)이라는 유무형의 공익적 가치를 적극적으로 자원화하여 우리나라 미래 먹거리 산업과 일자리 발전소로 거듭나길 바라는 마음에서 지었다. 이 책을 제대로 보는 방법은 경제적인 측면에서 숲과 인간이 접근하고 있는 방법을 이해하면 좋겠다. 식물들은 인간과는 전혀 다른 새로운 경제 논리를 가지는데 한 가지 예를 들자면 야생의 사과나무는 지난해 여름부터 뜨거운 햇볕 아래서 꽃눈을 준비하여 이듬해 아름다운 꽃을 피우면 곤충의 도움으로 수정을 거쳐 열매를 맺는다. 열매를 지키기 위해 독성을 가진 2차 대사물질을 총동원하고 자신의 모든 에너지를 쏟아 색깔 곱고 먹음직스러운 열매를 키워서 자연에 되돌려 준다. 열매는 먼저 이동성이 좋은 숲속 동물들과 곤충들이 먹게 하여 종자를 퍼뜨리고 나머지는 땅속 생물들의 먹이로 제공한다. 최종적으로 숲속의 거름이 되는데 이것이 사과나무의 우수한 유전형질을 대대손손 이어오게 한 생존방식이다.
 이처럼 식물은 '최대의 노력으로 최고의 성과'를 올리는 경제 논리를 가지고 있다. 매우 당연하고 양심적이지만 사람들은 전혀 다른 경제 논리를 가지고 있다. 사람들은 경제를 '최소한의 경비와 노력으로 최고의 성과나 이윤을 창출' 하는 것을 목표로 한다. 이렇게 최소한의 경비를 들여 돈을 남길 수 있는 적당한 재료와 정성으로 만든 음식을 비싼 값에 팔아 이윤을 남긴다. 이런 논리로 만든 음식과 제품에서 온전한 맛이나 정성을 느낄 수 없다. 집밥이 맛있는 이유는 비용과 수익과 같은 경제 논리가 성립되지 않기 때문일 것이다. 사람들은 자산증식과 수익 창출이라는 경제 논리로 자신의 고향이자 생활 터전이면서 생명줄인 산과 숲을 없애기에 여념이 없다. 숲이 사라지는 만큼 지구는 더워지고 자연재해와 질병은 늘어나게 되는데 어떤 동물도 자신의 생활 터전은 파괴하지 않는다.

　이 책은 지금까지 지구환경과 인류를 지켜주던 숲이 인간들의 욕심과 무지로 사라져 가는 이야기와 숲에서 배우는 창의성, 숲을 새롭게 바라볼 수 있는 제안, 숲이 만든 임산물인 물을 수출해서 미래 먹거리 산업으로 키우자는 이야기를 담고 있다. 작은 울림이 되어 후손들에게 깨끗하게 물려줄 아름다운 지구를 인간의 욕심과 환경오염으로부터 지켜 낼 수 있는 행동과 지혜를 모으는 마중물이 되면 좋겠다.

　불면의 새벽을 오롯이 나무와 숲, 산, 지구환경에 관한 여러 저자의 생각과 내 생각을 섞어 깊은 이야기를 나누던 중에 맞이한 동트는 모습은 내 인생에 큰 추억 나이테로 남았다. 책이 나오기까지 용기와 힘을 북돋아 준 사랑하는 아내와 은빈, 혜빈 두 콩순이에게도 고마움을 전하다.

2021. 8. 15.
하용식

contents
목차

006 · 프롤로그

제1장 : 사라지는 숲 이야기

018 · 보색으로 보는 지구환경
- 018 · 나에게 맞는 색깔은 무엇일까?
- 018 · 지구는 초록색 / 인간은 빨간색을 좋아한다
- 020 · 지구는 파란색 바다 / 인간은 주황색을 사랑한다
- 022 · 지구는 검은색 밤 / 인간은 하얀색 밤을 즐긴다

024 · 물고기를 기르는 숲
- 024 · 숲은 물고기의 고향
- 025 · 연어의 선물
- 026 · 물고기를 키우는 어부림
- 027 · 아마존 밀림의 눈물
- 028 · 사라지는 숲, 사라지는 물고기

029 · 빛 공해와 숲
- 029 · 빛의 탄생
- 030 · 빛 공해 시대
- 031 · 불빛 과소비
- 032 · 햇빛이 도시를 방화하다
- 033 · 발전소 건설로 사라지는 숲
- 034 · 숲으로 빛 공해를 차단하자

036 · 도자기 공해
- 036 · 도자기 산업
- 037 · 도자기 공해
- 038 · 도자기를 대신할 친환경 소재

040 · 자동차로 사라지는 숲
040 · 빠르기만 한 자동차 만들기 경쟁
041 · 자동차와 도시민의 건강
042 · 도로변의 나무는 공기를 정화하지 못한다
043 · 도심 도로를 쉬게 하자
043 · 자동차 원료와 지구환경 오염
045 · 바이오디젤과 환경오염 부메랑
046 · 자동차와 공존하는 방법

048 · 세금 확보에 희생되는 숲
048 · 나무가 있어 아름다운 산
049 · 산림개발에 나무가 방해꾼?
050 · 세금 확보를 위해 사라지는 숲
051 · 숲세권을 아시나요?

052 · 바다 간척으로 좁아지는 국토
052 · 간척사업 되돌리기
053 · 간척사업으로 줄어든 국토
054 · 산과 함께 사라진 자원과 생명체들
055 · 바다 매립은 신중하게 하자

057 · 칡의 습격으로 사라지는 숲
057 · 칡! 숲의 천덕꾸러기
059 · 칡 때문에 사리지는 숲
059 · 칡의 천적은 그늘과 숲 가장자리
060 · 도시의 가장자리와 칡의 역할

제2장 : 숲과 정원은 창의성의 공간

064 · 숲 유치원과 창의성
064 · 　독일의 숲 유치원
065 · 　자립심과 인성을 키우는 숲
067 · 　숲 유치원이 필요한 이유
068 · 　창의성과 청년 일자리

070 · 정원수와 창의성
070 · 　목련 이야기
071 · 　가로수와 정원수 구별법
073 · 　정원수와 창의성
074 · 　가로수 말고 정원수도 키우자

075 · 숲을 닮은 정원을 만들자
075 · 　공원은 가짜 숲
076 · 　숲속 생태공동체의 사계절 이야기
079 · 　사람의 욕심으로 채워진 공원
080 · 　숲을 닮은 정원을 만들자

082 · 전통 정원의 차경, 현대정원을 살리다.
082 · 　민간정원을 찾아서
083 · 　현대정원의 역할
084 · 　우리나라 정원의 역사와 전통 조성기법
085 · 　현대정원을 돋보이게 하는 10가지 식재 기법
088 · 　우리의 전통 정원과 현대정원의 기법을 접목하라

090 · 입목축적과 노벨문학상
090 · 　임업 선진국의 의미

092 · 창의성과 꿈이 사라지다
093 · 입목축적과 노벨문학상

096 · 입목축적이 감소하는 적신호
096 · 입목축적은 임업 선진국의 지표
097 · 나무의 자람이 멈추다
099 · 숲을 사라지게 하는 것들
099 · 입목축적을 높이는 산림정책이 필요하다

102 · 사막화를 막아주는 숲
102 · 사막의 시작
103 · 영역을 확장하는 사막
104 · 사막을 다시 푸르게
105 · 비를 부르는 숲

107 · 야생동물의 생명 길 생태통로
107 · 생태통로의 역할
108 · 생태적이지 못한 생태통로
110 · 제대로 된 생태통로를 만들자

112 · 숲은 쓰레기를 만들지 않는다
112 · 숲은 거대한 화학공장, 하지만 쓰레기가 없다
113 · 쓰레기로 사라지는 숲
115 · 음식물 쓰레기와 탄소 마일리지
116 · 쓰레기는 사람 기준에서 만들어진 단어
117 · 유럽의 푸드 셰어링

제3장 : 숲에 대한 새로운 제안

- 124 · 무궁화 명품 가로수 만들기
- 124 · 무궁화 내력
- 125 · 무궁화 가로수 정책이 실패한 '비밀'
- 126 · 무궁화 명품 가로수 만드는 법

- 128 · 국산 목재의 미래
- 128 · 산불! 나면 안 돼요
- 130 · 산주가 자기 산을 돌보게 하자
- 131 · 국산 목재의 미래
- 133 · 철근이나 콘크리트보다 강한 목재 - CLT집성목
- 134 · 미래 목재산업의 신소재 - 집성목재
- 136 · 내 생활비의 44%가 에너지 비용
- 137 · 목재 문화, 새로운 산업 아이콘
- 138 · 돈이 되는 석유 에너지 배설물 - 탄소

- 139 · 목재 에너지 사용으로 부자 되기
- 139 · 에너지 소비율과 가난
- 140 · 로케트스토브로 나무 땔감의 에너지 밀도 높이기
- 142 · 가짜뉴스 - 나무 연기가 미세먼지의 주범

- 144 · 임활과 청년 일자리
- 144 · 대한민국 최초의 임활
- 146 · 고소득 전문 임업인을 육성하자
- 148 · 대한민국 최초의 '고등학생 임활'을 꿈꾸다

- 150 · 식물학명과 국가 자존심
- 150 · 학명(學名)
- 152 · 커피나무 : Coffea arabica

153 · 감나무 : Diosopiroso kaki
155 · 타닌은 천연 항암물질

157 · **식물 종자 전쟁, 국가적 대비가 필요하다**
157 · 식물 종자 전쟁
158 · 식물자원은 나라를 부강하게 만든다
159 · 국제정세를 읽는 정보력이 필요하다
161 · 식물자원 전쟁, 석유 전쟁을 방불케 한다
162 · 식물 종자 인프라는 국가에서 관리하자
162 · 식물연구와 품종관리제도

164 · **국가표준 식물명 정립이 필요하다.**
164 · 같은 나무 다양한 이름
165 · 현대는 표준화 시대
166 · 우리나라 식물명 표준화 현황과 문제점
167 · 호두나무와 가래나무
168 · 식물명 표준화는 국가적 과제
170 · 국가표준식물명을 사용하자

제4장 : 대한민국 물 수출 프로젝트

174 · 가상수로 배우는 물의 권력
174 · 물을 수출하는 나라
175 · 물은 생명이다
177 · 물 수출로 부자나라 되기
178 · 물이 지키는 지구환경
180 · 가상수란?
181 · 가상수로 배우는 물의 권력

183 · 물 부족으로 고통받는 인류
183 · 빈번해진 물 재해
184 · 메말라 가는 지구
185 · 이미 메마른 인류문명 발상지 4대강

187 · 21세기는 물의 시대
187 · 목마른 사람들
188 · 저무는 석유의 시대, 떠오르는 물의 시대
189 · 물은 21세기에 가장 중요한 전략자산

192 · 숲 따라 사라지는 물
192 · 물은 산에서 나오는 임산물
193 · '옐로우 블럭'을 아시나요
193 · 지하수는 고갈되는 유한자원
195 · 지하수와 도시의 안전
195 · 오염되는 연안 바다
196 · 여름철 홍수의 주범, 물을 팔아먹자

199 · 물 수출 대국, 대한민국
199 · 봉이 김선달의 후예들

200 · 물, 대한민국 수출품 1위로 만들자
201 · 물을 통한 국제 분쟁 해소와 자원외교
203 · 유조선 평형수 대신 생수 공장을 싣자
204 · 대한민국 수조선(水槽船), 세계를 누비다
205 · 항구 주변 수출전용 저수지
206 · 바닷속에 민물 저수지
207 · 수중 드론형 물주머니 뗏목
208 · 새로운 생활용수 공급법

210 · 2030년 물이 만드는 새로운 세상
210 · 산수국프로젝트의 다양한 전망
212 · 물 수출로 연간 수 십조 원을 버는 대한민국
213 · 중국, 대한민국 물을 가장 많이 수입하는 나라
214 · 세계인들이 가장 마시고 싶은 대한민국 물

216 · 물을 지키는 생각과 행동
216 · 대한민국은 물 분쟁 중
217 · 국보 문화재 보다 먹는 물이 먼저
218 · 농사를 망치는 지하수 부족
219 · 미래에는 물을 지배하는 국가만 살아남는다
220 · 제주도 생수는 제주도에서만 소비하자
223 · 빗물 활용시스템은 핵심 미래산업

제 1 장

사라지는 숲 이야기

보색(補色)*으로
보는 지구환경

*보색 – 색 환에서 서로 마주 보고 있는 색

나에게 맞는 색깔은 무엇일까?

옛 선조들은 음양오행설에서 '목·화·토·금·수'에 해당하는 오방색으로 인간의 체질에 맞는 음식으로 질병을 예방하기도 하고 치료하기도 했다. 우리 몸에 맞는 다섯 가지 색깔 즉, 목(木)은 청색으로 간, 화(火)는 빨간색으로 심장, 토(土)는 노란색으로 위, 금(金)은 흰색으로 폐, 수(水)는 검은색으로 신장을 나타내는 색깔이다. 최근에 발표한 미항공우주국(NASA)이 발표한 세계 10대 장수 음식에 이 오방색이 그대로 들어 있어서 놀랐다. 이처럼 지구환경에도 서로 연관된 색깔이 있어 소개하고자 한다.

지구는 초록색 / 인간은 빨간색을 좋아한다.

초록색의 보색은 빨간색이다. 지구생명체는 태양 에너지원을 통해 생명을 유지하기 때문에 지구는 초록색별이다. 지구는 내부에 핵이라는 빨간색 심장을 가지고 있다. 지구는 표면이 데워지는 것을 막기 위해서 끊임없이 초록색으로 뒤덮으려고 노력한다. 나무와 풀, 이끼와 녹조류까지 모두 초록색이다. 지구는 지구 안에서 살아가는 생명체를 온전하게 보호할 수 있도록 녹색을 통해 지구 표면을 식힌다. 지구는 사막에도 오아시스를 만들고 초록의 씨앗을 뿌리고 동토의 땅 남극에도 풀씨를 뿌린다.

 반대로 사람들은 지구의 표면에 붙어 있는 초록색을 없애지 못해 안달하고 있는 듯하다. 전 세계 사람들 모두가 산과 구릉지, 농경지와 초원 없애기 경쟁을 하는 양상이다. 궁극적으로 사람들의 행복한 삶을 위한다는 전제가 있기는 하지만 산과 숲을 없애고 아파트와 공장이 넘쳐나는 도시를 만들어 내고 있다. 하늘을 찌를 듯 높이 솟은 건물들은 도심의 지하수를 몰아내고 지구 내부에 압력을 가하고 도심의 공기 순환마저 방해하고 있다. 공장을 지어 끊임없이 공해물질을 쏟아낸다. 이동의 편리성을 위해 만든 자동차가 달릴 수 있도록 산자락을 잘라내고 산에 터널을 내어 도로를 만든다. 한여름 초록색으로 덮인 숲속과 지구 표면 위에 깔린 검은색 아스팔트 도로의 온도를 비교해 보면 그 차이가 확연하다. 당연히 아스팔트 도로가 월등히 높다. 한여름 무더운 날씨를 실감 나게 전달하기 위해서 방송에서 아스팔트 위에 날, 달걀을 깨뜨려 프라이를 하는 모습을 보여주기도 한다.

 열을 측정하는 열상 카메라로 측정해 보면 숲과 나무는 초록색으로 건물과 도로, 자동차는 빨간색으로 나타난다. 열에너지는 빨간색이다. 석유 에너지를 태우면 빨간색을 띠면서 열을 낸다. 우리가 석유 에너지를 이용해서 음식을 조리하고 난방을 하거나 자동차 엔진을 가동하는 행동은 빨간색을 만들어 내는 행위에 속한다. 빨간색을 선호하는 이러한 행위 즉 아파트, 공장, 자동차가 늘어날수록 지구에는 빨간색이 늘어나고 초록은 줄어든다.

전 세계 약 70억의 인구가 경제활동을 통한 이익 창출이라는 이유로 지구 곳곳을 파헤쳐 생채기를 낸 다음 지구의 내부 색깔인 빨간색을 들춰내어 지구의 체온 올리기에 열중하고 있다. 지구온난화는 지구 표면의 초록색이 점점 빨간색으로 변해가면서 나타난 기후 현상이다. 국가 경제 발전이 곧 국민의 행복이라는 이념과 목표를 가지고 빨간색을 선호하는 사람들 때문에 북극의 빙하가 녹아내리고 인도양의 작은 국가 몰디브는 물에 잠겨 지구상에서 사라질 위기를 맞고 있다.

지구는 파란색 바다 / 인간은 주황색을 사랑한다.

　파랑의 보색은 주황색이다. 파란색은 바다의 색이고 주황색은 땅의 색깔이다. 물론 고령토와 같이 흰색과 검은 토양도 있을 수 있고 유기물이 거의 없는 황토 같은 붉은색도 있지만, 토양 대부분은 주황색이다.
　지구는 빗물을 통해서 산과 밭, 들판의 주황색 토양입자를 바다로 흘려보낸다. 바다는 주황색을 좋아하지 않는다. 흙이 바다로 흘러들면 바다는 파란색을 잃는데 이때 바다생물은 미세한 토양입자로 인해 호흡곤란을 겪거나 토양입자가 두껍게 쌓여 광합성을 하지 못해 해조류와 어패류가 폐사한다. 최근에 우리나라 남해안에 적조가 발생하면 적조생물을 가라앉게 하려고 황토를 살포하는 바람에 바다 생태계에 큰 피해를 주고 있다고 한다.
　바다는 자신의 색인 파란색을 지키기 위해서 전하를 발생시켜 바다로 흘러들어오는 주황색 흙탕물 속에 포함된 토양입자와 콜로이드를 강과 바다가 만나는 지점에 가라앉게 만든다. 이것이 우리가 흔히 알고 있는 삼각주인데 바다가 흙으로 메워지는 것을 막아준다. 바다는 토양입자가 가득한 주황색 강물 중 미세한 흙 입자만 가라앉게 하고 유기물이 풍부하게 녹아 있는 강물은 자신이 키우고 보호하는 바다생물의 먹이자원으로 받아들인다.

지구는 흙으로 바다가 메워지는 것을 원하지 않는다. 육지는 육지대로 바다는 바다대로 지구환경을 지키는 중요한 요소이기 때문이다. 사람들은 산업화라는 명목으로 논과 밭에 작물을 심기 위해서 경운작업을 수시로 한다. 모내기를 위해 경운을 하는 과정에서 주황색 흙탕물을 너무 많이 만들어 내는데 공급과잉으로 이제는 삼각주가 만들어지지 않고 그대로 바다로 흘러 들어간다. 초록색으로부터 주황색인 농경지를 유지하기 위해 더 많은 제초제를 살포하기도 한다.

또한 바이오라는 이름으로 포장된 식물성 디젤유인 팜오일을 생산하기 위해 초록색의 아마존 밀림을 없애고 팜 야자수 심기에 여념이 없다. 생물종다양성의 보고인 열대지방의 밀림은 숲의 키 높이가 30~50m 이상의 다층구조를 만들어 한낮에도 컴컴할 정도로 어둡다. 하지만 지구의 허파로 불리던 밀림이 사라진 자리에는 해당 국가의 경제정책에 따라 사람들의 먹거리 생산과 각종 산업용 식물성 기름을 생산하기 위한 경작이 이루어지고 있다. 바나나, 코코아, 커피나무, 팜오일 등 단일작물을 심거나 초지를 만들어 가축을 방목한다.

문제는 이러한 단일작물은 햇볕을 많이 받아야 생산량이 많아지기 때문에 식물을 일정한 간격을 두고 띄워 심는다. 당연히 밀림이 가지고 있는 다층구조의 식생은 꿈도 꾸지 못하게 되는데 숲이라고 부를 수도 없지만, 이 식물들의 키 높이는 10m 이내이다. 또한 작물을 키우기 위해서 많은 농약을 뿌리고 있는데 빗물에 씻겨 바다로 흘러가 해양생태계를 위협하고 있다.

밀림에서 주황색이 만들어지는 또 한 가지 사례는 밀림의 땅속에 묻혀 있는 지하자원을 캐내기 위한 광산개발이다. 밀림이 사라진 자리에서 금, 다이아몬드, 희토류 광물 등 고부가 지하자원을 찾아내기 위해서 파낸 흙을 끊임없이 물로 씻어 내는 일이 반복된다. 매년 개발되는 광산의 수도 크게 늘어나고 있다. 사람들은 지구 반대쪽 밀림과 숲이 사라진 자리에서 얻은 다이아몬드에만 열광할 뿐 지구의 아픔은 애써 외면하고 있다.

 열대지방에 하루 한 번씩 내리는 소나기는 많은 양의 주황색 토양을 강으로 실어 나른다. 열대지방에서 흐르는 강물은 온통 주황색이다. 온전한 밀림 지역에서는 주황색 강물이 흐르지 않는다. 주황색 강물은 파란색 바다로 흘러가 바다생물들의 생명을 위협하고 바다 생태계를 파괴하고 있다. 지구본을 보면 육지와 바다가 확연히 구분된다. 지구에 파란색과 주황색이 서로의 영역을 위협하거나 두 색깔이 섞여 나타나는 현상은 지구환경이 자정 기능을 상실했다는 증거이다.

지구는 검은색 밤 / 인간은 하얀색 밤을 즐긴다.

 검은색의 보색은 하얀색이다. 사람들은 석유라는 검은색 물질로 하얀색 낮을 어둡게 만들고, 불빛이라는 하얀색으로 어둠을 사랑하는 지구를 괴롭히고 있다. 사람들은 검은색 석유로 자동차를 운행하면서 검은색 매연과 검은색 아스팔트로 낮을 검은색으로 덧칠하고 있다. 물론 자동차의 엔진에서는 연료가 연소하면서 고온의 빨간색도 만들어 낸다. 지구의 낮이 스모그와 매연으로 검게 변하면서 제 색깔을 잃어가고 있다.

 사람은 물론 지구에 살아가는 동식물은 모두가 완전한 어둠 속에서 잠을 자야 몸을 치유하고 피로회복 등 자가면역을 높이는 멜라토닌이 분비되어 몸을 건강하게 유지할 수 있다. 하지만 사람들은 지구 땅속 깊은 곳에 있는 검은색 석유로 빛을 만들어서 어둠을 없애버린다. 그 대가로 불면증과 스트레스, 만성피로와 같은 만성 질병으로 고통받고 있다.

지구가 제 색깔을 잃으면 사람들도 살지 못한다. 더 늦기 전에 제 색깔이 사라지지 않도록 전 세계인 모두의 노력이 필요한 시점이다.

물고기를
기르는
숲

숲은 물고기의 고향

 연어가 죽을힘을 다해서 강을 거슬러 올라가는 이유가 무엇일까. 2011년 3월 11일 일본 대지진으로 발생한 쓰나미로 모든 삶의 터전과 사랑하는 가족, 이웃을 잃었던 후쿠시마 지역의 어민들이 피난길에서 돌아와 가장 먼저 한 일이 무엇일까? 천연기념물인 남해 삼동면 물건리 어부방조림이 왜 어부방조림이라는 이름이 붙여졌을까? 바다가 주제였던 2012년 여수세계박람회에 높이 10m의 커다란 나무인 형은 왜 등장하였을까? 브라질 열대우림을 가로지르는 아마존강은 왜 물고기 천국으로 불릴까? 이 여러 물음에 대한 근본적인 답은 나무와 숲이다.
 첫 질문의 답, 연어는 고향 산천이라는 단어가 가장 잘 어울리는 물고기다. 숲은 물고기의 고향이다. 고향인 숲에서 알을 낳기 위해서 죽을힘을 다해 강을 거슬러 올라간다. 명절날 길이 막히고 몸 고생이 심하지만 그래도 고향을 찾는 사람들과 그 모습이 닮아있다.

연어의 선물

　연어의 몸속 DNA에는 자신을 낳고 길러 준 고향이 숲이라는 것이 새겨져 있다. 깊은 숲속 맑은 강물에서 태어난 연어는 강을 내려가 바다에서 3년 정도 살다가 자신이 겪은 바다 여행기와 숲에 줄 선물을 가지고 다시 고향 산천을 찾아와 알을 낳는다. 하지만 고향을 찾아 강을 거슬러 올라가는 길은 녹록하지 않다. 사람과 곰처럼 천적이 길목을 지키고 있고 거친 강바닥은 연어가 평생 살아온 바다와는 다른 환경이다. 강을 오르는 길에 배와 등껍질이 벗겨지고 상처를 입으면서도 강을 거슬러 올라가는 일은 멈추지 않는다. 그렇게 힘들게 고향에 도착한 연어는 종족 번식을 위해 계곡물 자갈 속에 산란하고서는 암수가 모두 죽음을 맞이한다. 알을 낳고 죽은 연어는 먼바다에서부터 온전하게 지켜온 자신들의 몸을 고향 산천에 뿌린다. 연어는 고향을 지켜주는 곰, 독수리와 같은 육식동물에게 기꺼이 먹잇감이 되어주는가 하면 계곡에 살고 있는 민물새우 등 작은 동물과 숲속의 곤충에게도 자신의 살점을 먹잇감으로 선물한다.

　연어는 먼바다를 거쳐 오면서 몸속에 양질의 고농도 질소 성분을 축적해 온다. 연어는 자기를 먹는 육식동물의 배설물과 먹다 버린 뼈를 통해서 고향 숲속에 양질의 고농도 질소 성분을 제공하여 숲을 더욱 울창하게 한다. 이렇게 울창해진 숲은 홍수가 나도 산사태로 계곡이 메워지지 않도록 해서 계곡의 일정한 깊이를 유지해 준다. 그래야 다음 세대들이 부화해서 먼바다에 나가고 어미가 된 연어들이 돌아올 고향 산천이 유지되기 때문이다.

　숲은 연어를 키워서 숲속 동물들과 생태계를 살찌우고 자신도 울창해지는 지혜를 가졌다. 최근에는 연어 요리가 세계적인 음식문화로 자리

잡으면서 사람들의 관심이 높아지고 있다. 하지만 지구온난화로 바다가 오염되면서 자신이 태어난 고향 산천을 찾는 연어가 매년 줄고 있다고 한다. 연어는 사람들의 욕심으로 자신의 고향인 강과 숲이 사라지고 있다고 경고하고 있는지도 모르겠다.

물고기를 키우는 어부림

 두 번째 답. 후쿠시마 바닷가의 어민들이 제일 먼저 한 일은 함께 항구 뒷산에 나무를 심어 숲을 만드는 일이었다. 그들은 숲의 역할을 알고 있었다. 일본의 어민들이 심은 나무가 빨리 울창한 숲으로 자라서 방사능에 오염되지 않은 건강한 물고기를 불러들여 그 지역의 어민들이 행복해지기를 빌어본다.
 세 번째 답. 우리 선조들은 숲이 고기를 키운다는 것을 잘 알고 있었다. 해안가에 울창한 숲이 있어야 물고기가 많이 모여들기 때문이다. 그래서 우리나라 해안가 곳곳에 어부방조림이라는 숲이 많다. 천연기념물 150호인 경상남도 남해 물건리 어부방조림도 물고기의 고향을 만들어 주기 위해 마을 주민들이 오래전에 만든 숲이다. 오늘날 전국의 어부방조림이 모두 피서객들에게 사랑받는 해수욕장으로 이용되는 것을 보니 사람도 고기도 숲을 좋아하는 공통점이 있다.
 2012년도 전남 여수시에 개최된 세계 여수 엑스포의 주제는 '바다로 미래로'였다. 이때 초대형 목각인형인 '연안이'는 지게차의 도움을 받아 엑스포장 이곳저곳을 걸어 다녔다. 바다가 주제인 이곳 엑스포장에 거대한 목각인형이 등장한 이유는 무엇이었을까? 바다와 숲이 모두 건강해야 한다는 의미였다고 본다. 숲의 황폐가 바다의 황폐화로 이어지기 때문이다. 육지에서 숲이 사라지고 흙탕물이 바다로 흘러들어오면 바다도 심각하게 오염된다. 여름철 홍수가 나면 엄청난 흙탕물과 쓰레기가 바다로 흘러든다. 이때 인분도 함께 흘러들어 바다를 오염시킨다. 이때 흘러들어온 인분 때문에 미국식품부(FDA)에서 인정한 남해 청정바다도 노로바이러스에 오염되어 한동안 미국에서 우리나라 수산물의 수입을 금지한 일도 있었다.

아마존 밀림의 눈물

 마지막 답, 브라질의 아마존강에 물고기가 많은 이유는 아마존 상류의 밀림에서 흘러드는 풍부한 먹잇감이 있기 때문이다. 특히, 피라루쿠라는 몸길이 5~6m짜리 초대형 담수어의 서식지도 유명한 이곳의 어민들은 여기서 잡은 물고기를 수출하여 브라질 경제에도 도움을 주고 있다. 하지만 지구의 허파로 불리는 아마존 밀림이 팜오일 생산을 위한 벌채와 금, 다이아몬드 등 지하자원 채광을 위한 무분별한 개발로 아마존강이 신음하고 있다고 한다. 일 년 내내 흙탕물이 흘러들고 금을 만드는 과정에서 사용한 수은은 물고기의 산란과 서식에 큰 피해를 가져온 것이다. 각종 귀금속 원석과 지하자원을 채굴할 때 비용이 저렴하다는 이유로 고압의 물을 쏘는 채취 방법을 사용한다. 이 때문에 더욱 많은 흙탕물이 만들어지고 숲의 근간이 되는 산림토양이 유실된다. 그 결과로 아마존강이 메워지고 고기들이 사라지고 있다.

사라지는 숲, 사라지는 물고기

　최근 아름다운 해안가의 숲들이 하나둘 자취를 감추고 있다. 숲이 떠난 자리에는 전망이 좋다는 이유로 펜션, 음식점, 카페, 초대형 콘도미니엄이 들어서고 있어 안타깝다. 물론 생업에 종사하는 사람들은 "그깟 숲이 뭐가 중요하냐? 사람이 먹고사는 것이 중요하지" 할 것이다. 하지만 해안가의 숲이 고기를 모은다는 것은 사실이다.

　어민들은 연안 바닷가에서는 물고기가 잡히지 않자 위험한 먼바다까지 조업을 나간다. 연안 바다에서 물고기가 잡히지 않는 이유가 해안가의 어부림이 사라졌기 때문만은 아닐 것이다. 하지만 지구온난화로 바닷물 수온이 높아져 물고기 서식지가 북쪽으로 옮겨갔다고 하니 어민들은 이래저래 숲이 사라진 피해를 직접 겪고 있는 셈이다.

연어는 자신이 태어난 고향을 살찌운다.

자료출처: https://blog.naver.com/chefrun/221094437607

빛 공해와
숲

빛의 탄생

 농경사회가 시작되기 이전 인류는 숲에서 살았다. 사람이 숲에서 나오기 전에 어둠은 가장 큰 두려움이었다. 옛날 조상들은 숲속 동굴에 서로 모여 살면서 맹수로부터 몸을 지키고 살았지만 불을 발견하면서 숲에서 나와 농경사회를 시작하게 되었다고 한다.
 숲에서 나온 사람들은 불을 이용해서 체온을 유지하고 음식을 만들어 먹었으며 불빛을 이용해서 맹수들로부터 목숨을 지킬 수 있었다. 음식을 익혀서 먹을 수 있어 더없이 편리한 불을 사랑한 사람들은 불을 집안으로 가져와 낮을 연장하는 대신 밤을 줄였다. 심지어 하루 중에서 밤의 길이가 단 1초도 없는 세상이 시작되었다. 낮의 세상이 된 것이다. 밤새워 일하고 밤새워 공부하고 밤새워 놀았다. 이때부터 불은 빛이 되었고 사람들의 생활에 점점 깊숙하게 자리 잡게 된다.
 산업혁명 이후 늦은 밤까지 더 많은 물건을 만들어 내면서 부를 축적하게 되자 사람들은 밤이라는 어둠을 불빛으로 완전히 몰아냈다. 특히 전기의 발명으로 불빛을 만들어 내면서 밤을 낮처럼 바꾸어 밤과 낮이 바뀐 삶을 살게 된다. 전기조명 발명 이후 불빛은 끊임없이 밝아지고 있다. 최근에는 이 불빛이 사람들의 심신에 피해를 끼치자 이를 '빛 공해'라고 부르게 되었다.

빛 공해 시대

빛 공해는 지구상에 살아가는 모든 생명체에 심각한 피해를 주고 있다. 사람이 살아가는 데 어둠이 없다면 어떤 일이 벌어질까? 제일 먼저 수면 부족에 시달리는 사람들로 넘쳐날 것이다. 물론 낮에 잠을 자면 되지 않느냐고 반문할 수 있겠지만 북유럽의 백야를 생각해 보면 바로 답이 나온다. 해가 있을 때 잠을 자는 것과 어둠 속에서 자는 잠은 질적으로 다르다. 즉, 지구상에 존재하는 모든 생명체는 잠을 자야 한다. 잠이 보약이라는 것이 그냥 나온 말은 아닌 듯싶다.

지구상에 존재하는 식물들은 햇볕을 에너지원으로 광합성을 한다. 낮에 광합성으로 얻은 에너지를 밤이 되면 뿌리나 과일 등 체내에 저장한다. 밤이 없는 식물은 에너지를 저장할 수 없는 생리 장애를 입는다. 밝은 가로등 아래에 있는 벼가 익을 무렵이 되어도 고개를 숙이지 않는 것은 낮에 만들어 놓은 에너지가 열매에 저장되지 못하기 때문이다.

또 인류가 어둠을 멀리한 이후에 사람들에게 수많은 신체 변화와 질병이 찾아왔다. 수면 부족으로 인한 스트레스와 불면증이 생기는가 하면 산만함과 정서불안 등으로 사람들의 몸과 마음을 병들게 했다. 우리 신체는 잠을 잘 때 항산화물질로서 면역체계를 활성화해 주는 호르몬인 멜라토닌이 분비된다. 잠을 잘 자고 나면 피로감이 사라지는 이유가 이 호르몬의 역할 때문이다. 하지만 잠을 제대로 자지 못한 사람들은 만성피로와 함께 살아가게 되었다. 이런 삶들이 계속되면서 몸은 매우 피로하지만 깊은 잠을 자지 못하는 사람들이 늘어나고 있다. 멜라토닌 분비를 막는 불빛이 그 원인이라고 한다.

 빛 공해의 피해 대상이 사람들뿐만 아니라 지구상의 모든 생명체로 옮겨가고 있다. 계절에 따라 대륙을 오가는 철새들이 길을 잃고 도시 주변에 살고 있는 동물, 곤충들 역시 충분한 잠을 자지 못해 이상 현상을 보인다. 여름철 매미가 숲속보다 도심에서 더 심하게 울어대어 시끄러움으로 피해를 호소하는 사람들이 늘고 있다. 넓게 생각해 보면 도시 속에서 자라는 가로수와 조경수들도 낮에 광합성을 통해 얻은 양분을 식물체 내에 제대로 축적하지 못한다는 결론이 나온다. 그래서 도시 속의 식물들이 생기를 잃어가고 있고 반대로 부드러운 깻잎 생산을 위해 깻잎을 재배하는 비닐하우스에 밤새 불빛을 쬐고 국화 꽃피는 시기를 조절하기 위해 불빛을 쬔다.

불빛 과소비

 최근 짓는 아파트는 죄다 건물 꼭대기에 불빛을 밝힌다. 그 불빛이 건설업체의 아파트 브랜드를 광고하는 방법일 터이지만 도심의 어둠을 더 몰아내는 역할을 한다. 빛 공해를 가속화 하면서 말로만 자연과 공존하는 친환경 아파트라고 홍보한다. 이처럼 지나치게 불빛을 밝히다 보니 전기를 생산하는 발전소의 예비전력이 높아진다. 예비전력은 전력수요 폭발로 인한 대규모 정전을 예방하기 위해 예비로 발전하는 것이다. 혹시 있을지 모르는 전력부족 사태에 대비한 보험 정도로 보면 될 것이다. 평균 예비전력 비율은 실제 수요 전력의 10% 정도 여유를 가지고 있다고 한다. 최근에는 전력수요 예측이 어려워 예비전력 비율을 높이고 있는 실정이다. 가령 우리가 전력을 100을 사용한다면 예비전력 10%는 10이지만 500의 전력을 사용하고 있다면 예비전력은 50이나 된다. 이것이 모이면 발전소를 하나 더 지어야 한다는 결론이 나온다. 그런데도 최근에 국내 어려운 경제 사정을 이유로 전기, 상수도, 냉난방 온도, 도시가스 등 에너지 절감 이야기가 쏙 들어가 버렸다.

우리가 사용하는 생활비의 44%가 에너지 비용이라고 하는데 지금처럼 전기를 과소비한다면 에너지 비용은 50% 이상이 될 것이다. 목숨 걸고 번 돈이 에너지비용으로 다 빠져나가서 우리 국민은 점점 가난해지지만, 산유국은 매일매일 부자가 된다. 우리는 이 오일머니가 전 세계적으로 어떠한 해로운 일을 하는지 잘 모르고 있다.

햇빛이 도시를 방화하다

빛 공해의 또 다른 피해사례가 있어 소개하고자 한다. 대도시의 빛이 무서운 것은 건물의 외벽이 유리창이나 거울, 스테인리스 같은 반사를 일으키는 물질이 마감재로 사용된다는 점이다. 이 때문에 건물이 마주 보고 있으면 소량의 빛도 반사와 반사를 거듭해서 확산하는 문제가 발생한다. 한때 서울의 유명한 사찰에 앞 건물에서 반사되는 빛이 내리쬐어 눈부심으로 신도들이 종교활동을 제대로 할 수 없어 법적 소송까지 발전한 적이 있었다.

빛이 도시를 불태우는 일이 현실로 다가오고 있다. 몇 해 전 여름철에 경상남도 창원시에서는 스테인리스로 만든 구조물에서 반사된 빛으로 가열된 자동차에 불이 붙은 일이 있었다. 흔히 화재는 전기 누전이나 사람의 부주의, 방화 등으로 발생하지만 강력한 빛으로도 화재가 발생하는 것이다. 이러한 반사열은 그렇지 않아도 이상 가열된 도심의 온도를 더 높이는 역할을 하고 있어 환경문제가 되고 있다. 이래저래 지구상에는 빛이 남아돌아 공해가 되고 있다.

발전소 건설로 사라지는 숲

 최근에 풍력, 태양광발전 등 신재생에너지가 주목을 받고 있다. 문제는 풍력발전소를 짓는다면서 멀쩡한 산허리를 잘라 진입로를 만들고 산꼭대기에 발전기를 설치한다. 풍력발전소 주변 주민들은 풍력발전기에서 흘러나오는 저주파 소음에 불면증과 스트레스를 호소하며 풍력발전소라면 진저리를 치고 있지만, 저주파가 주는 피해를 명확하게 밝혀내지 못해 보상마저 이루어지지 못하고 있다. 태양광발전소도 산에 많이 설치하는데 대부분 산을 깎거나 나무를 베어낸 자리에 설치한다. 이처럼 풍력발전소와 태양광발전소가 늘어나면서 산과 숲이 사라지고 있다.
 숲은 여름철 도심의 온도를 내려주는 천연냉방장치이다. 여름철에 농촌이나 산촌이 도시보다 시원한 이유는 산과 숲이 많아서다. 사람들은 숲 대신에 에어컨으로 도심의 온도를 내리고 있다. 전기가 부족하게 되자 사람들은 친환경 에너지원으로 불리는 태양광발전을 통해서 전기를 생산하고 에어컨을 켜서 여름철 냉방을 한다. 하지만 한여름 에어컨 냉각팬에서 나오는 열이 다시 도심의 온도를 올려 도시가 더 더워지는 악순환이 계속되고 있는 것이 현실이다.
 사라진 산과 숲이 많아지면서 지구는 점점 더 더워지고 있는데 이 더위를 식히기 위한 전기를 얻기 위해서 또 숲을 없앤다. 숲이 사라진 자리에 건설한 태양광발전소에서 생산한 전기로 에어컨을 켜는 기형적인 생활구조를 어떻게 바꾸어 나가야 할지 우리 모두의 새로운 생각과 지혜가 필요하다. 사람들은 전기로 무더위를 해결하겠지만 녹아내리는 북극의 빙산은 전기로 해결할 수 없다. 또 한 가지 문제는 태양광발전소 역시 빛 반사라는 빛 공해를 유발하고 있다는 점이다.

숲으로 빛 공해를 차단하자

미국의 항공우주국이 우주에서 찍은 지구의 밤 사진을 보고 아연실색했다. 지구 대도시의 불빛이 대낮처럼 빛나고 있어서 눈이 부실 정도였다. 이 불빛들은 철새의 이동을 방해하는 것은 물론이고 각종 환경문제를 일으키는 사람들의 욕심 불빛이었다. 역설적이게도 북한의 평양시는 전력 사정이 좋지 못한 관계로 빛 공해라 부를 정도의 밝은 빛은 없었다.

빛 공해를 차단할 수 있는 하나의 방법은 빛의 생산을 줄이는 것이다. 화려한 네온사인의 크기와 밝기를 줄이고 꼭 필요한 곳에만 밝히도록 해야 한다. 다음으로 건물 외벽 마감재를 유리나 철, 스테인리스 대신 목제 제품의 사용을 늘리거나 건물 서쪽에 키 큰 나무를 심는 것도 빛 반사로 인한 공해를 크게 줄여줄 것이다.

마지막으로 도시 곳곳에 건강한 숲을 남겨 두어야 한다는 점이다. 도심 속에 숲이 많다는 것은 숲이 빛 공해를 흡수해서 사람들의 건강도 좋아지게 해준다는 걸 명심해야겠다.

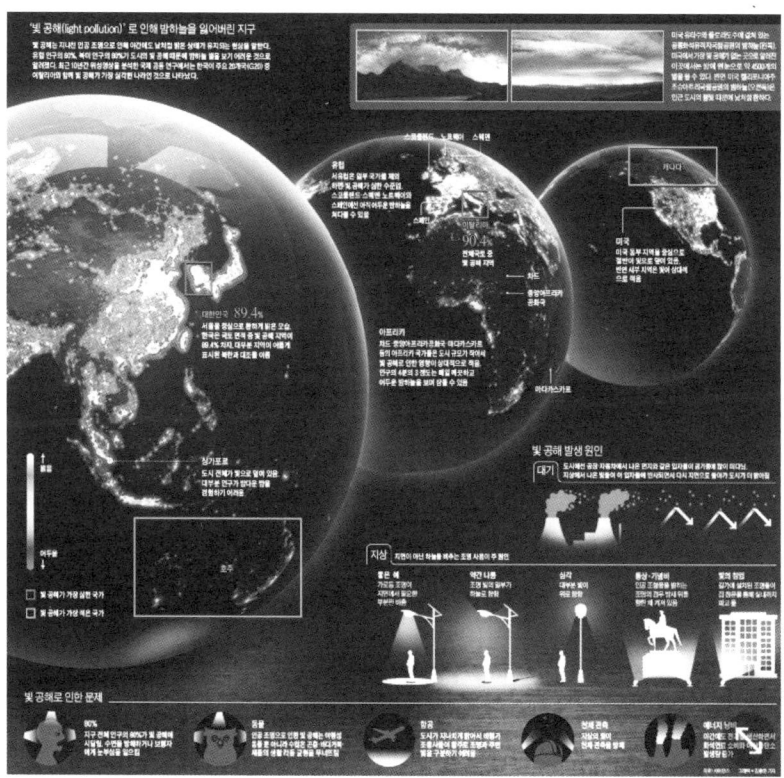

우리나라 빛 공해 심각성 관련 기사

자료출처: 조선일보

도자기 공해

도자기 산업

　도자기는 도기, 자기, 사기, 질그릇 따위를 통틀어 이르는 말로서 흙과 불 그리고 인간의 지혜가 만나 탄생하는 데 흔히 세라믹으로 불린다. 도자기는 땅속에서 캐낸 고령토나 진흙으로 빚어 1,300도 이상의 고온에서 구워내기 때문에 독성이 없고 강도가 높다. 또한 세균의 번식을 차단하기 때문에 위생적인 생활 도구로 각광 받는다. 화장실 타일이 도자기로 만들어진 이유가 높은 항균력과 물에 부식되지 않는 특징 때문이다. 과거에는 식기, 장독 항아리 등 주로 가정용 생활 도구로 사용되었지만, 지금은 가정용 식기류를 넘어 화분, 타일, 화장실 변기, 전기용 애자, 화장품의 원료는 물론 예술 도자기, 그림 타일 등 예술품으로서도 각광 받고 있어 사용범위가 아주 넓어지고 있다.

　도자기는 열에 아주 강하기 때문에 철을 대신할 신소재로써 일본에서는 항균력을 갖춘 세라믹 칼이 비싼 값에 시판되고 있다. 영국과 일본은 도자기가 유명한 나라로 알려져 있는데 이는 섬나라 특성상 습기로 인한 식중독균 등의 확산을 예방하는 효과가 있는 도자기 산업에 오랜 연구와 투자가 이루어졌기 때문이다. 일본이 임진왜란을 일으킨 이유 중 하나가 우리나라의 우수한 도공을 납치하기 위한 것이라는 주장도 설득력을 얻고 있다. 임진왜란 이후 일본의 도자기가 유럽에 알려지면서 일본 도자기 산업이 급속도로 발전하였고 지금까지도 그 명맥을 이어 오고 있다.

도자기 원료인 고령토는 흔한 광물이 아니다. 우리나라에서도 몇몇 지역에만 매장되어 있는 소중한 광물자원이면서 언젠가는 고갈될 위기에 있는 유한자원이다. 꼭 필요한 곳에만 사용하고 아끼고 보전해서 후손들에게 물려주어야 하는 소중한 자산이다.

도자기 공해

현대사회는 과히 도자기의 전성기라고 해도 과언이 아닌데 생활 곳곳에서 사용되면서 공해 시대가 되고 있다. 쓸모없는 도자기를 쓰레기로 버려 본 사람이라면 쉽게 이해할 것이다. 재활용이 되지 않기 때문에 도자기를 버리기 위해서는 타지 않는 쓰레기봉투에 넣어서 버려야 하는데 비용이 발생하는 것이 문제이다. 이는 쓰레기 불법투기 빌미가 되는데 도시 외곽의 구석진 곳 여기저기에 버려진 변기, 화분, 이가 빠진 도기를 심심찮게 볼 수 있다. 또한 재활용 빈 병을 모으는 곳에 도자기를 몰래 버리는 경우도 많은 것이 현실이다. 도자기가 사람들에게 많은 이로움을 주고 있지만, 과잉생산으로 인해 공해도 함께 만들어 내고 있다. 도자기의 장점은 단단함이었는데 이는 곧 단점이 되기도 한다. 그 단점은 세 가지로 요약된다.

첫 번째는 도자기는 흙을 돌로 만든 것으로서 잘 닳거나 썩지 않는다는 것이다. 그래서 신석기시대에 만들어진 도자기가 현재까지 유적으로 출

토되고 있는데 유약을 바르지 않았는데도 지금까지 온전하게 전해지고 있다. 하지만 오늘날 도자기의 대부분 표면에 유약을 발라서 만든다. 이렇게 만들어진 도자기는 앞으로 수 만 년 동안 지구에 남겨져 때로는 유물로 발견되기도 할 것이고 새로운 공해 요소로 작용할 것으로 보인다.

두 번째로 도자기는 재활용이 어렵다는 점이다. 철은 녹이 슬거나 목적대로 사용하고 나면 용광로에 녹여서 다른 용도의 새로운 물건으로 만들어 낼 수가 있다. 하지만 도자기는 1,300도 이상의 열로 구워서 돌처럼 딱딱해진 것이기 때문에 고온을 가해서 다시 가루로 만든다고 해도 다시 고령토 본연의 흙 성질로 되돌릴 수는 없다.

세 번째는 파편 조각이 유리나 칼날처럼 날카롭다는 점이다. 깨어진 타일이나 도자기 파편에 어린이들이 손을 베이는 등 안전사고가 발생하고 있다. 주의해서 사용하지 않으면 큰 흉기가 될 수도 있다. 도자기는 인간이 살아가는데 필요한 소중한 도구이지만 생활 주변에 지나치게 많다.

도자기를 대신할 친환경 소재

고령토 채취로 사라지는 숲과 환경을 보호하기 위해서라도 도자기 제품 사용을 줄이거나 대안을 찾아야 한다. 지구를 조금이라도 걱정한다면 앞으로 화분을 선택할 때 유약을 발라서 만든 것보다는 질그릇 화분 사용을 권장한다. 질그릇 화분은 유약을 바르지 않고 저온에서 초벌구이만으로 만들기 때문에 친환경적이라고 할 수 있다.

다음으로 세면대, 변기, 화분 등을 유리로 만드는 방법을 추천한다. 일단 유리는 재활용이 쉽다는 것이다. 유리는 여러 번 재활용이 가능해서 도자기에 비해 친환경적이라고 할 수 있지만, 다시 녹여서 제품으로 가공하는

데 많은 에너지를 소모한다는 문제점도 있다.

 마지막으로 질그릇 화분이나 유리보다 더 좋은 것은 나무로 만든 화분을 사용하는 것이다. 나무 화분은 탄소를 몇 년에서 수십 년 동안 머금고 있어 지구환경에도 좋을 뿐만 아니라 실내 습도와 온도를 자동으로 조절해준다. 당연히 포름알데히드 등 온갖 화학제품에서 나오는 유해 성분을 흡수해주기 때문에 아토피에도 좋다. 또 화분의 기능을 다 하고 썩으면 공해 없이 자연으로 돌아가기 때문에 더욱 좋다. 나무로 틀을 만들고 유리나 금속으로 코팅을 한 친환경 제품개발이 필요하다. 외국에서는 도자기를 대신하는 나무제품을 사용해서 도자기 공해로부터 자유로운 삶을 살고 있다.

나무로 만든 욕조와 세면대

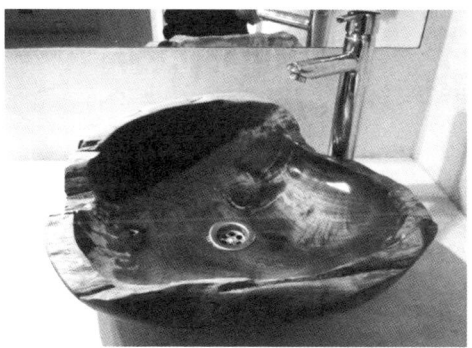

호두나무로 만든 세면대
자료출처 http://cdn.designrulz.com

자동차로
사라지는 숲

빠르기만 한 자동차 만들기 경쟁

사람들이 살아가는 데 있어 자동차는 필수품이 되어 버렸다. 우리나라 자동차 보급 대수는 2,300만대로 가구당 한 대를 넘는다. 필자 역시 자동차 없이는 사회생활이 어렵다는 것을 알기에 자동차의 필요성을 잘 안다. 하지만 자동차 제조회사는 마케팅의 일환으로 매년 자동차 신차모델 개발과 출시에는 비용을 지급하고 있지만, 상대적으로 소비자와 지구환경에는 그다지 필요하지 않은 기술개발로 헛심을 쓰고 있다고 본다.

우리나라 도로법상 고속도로에서는 최고 110km 이상 달릴 수 없는데도 불구하고 자동차생산 회사에서는 속도 경쟁을 내세워 가며 자동차 판매에 열을 올린다. 속도 경쟁보다는 매연을 줄이고 연비를 올리는 기술을 개발해서 지구환경을 지키면서 사람들에게 안전한 자동차를 만드는 것이 정상적인 기업윤리라고 본다. 요즘 자동차들은 가속페달에 발만 올려도 단숨에 제한속도를 훌쩍 넘어 과속으로 많은 사람이 안타까운 죽음을 맞이하고 있다. 한번 속도감을 맛본 운전자들은 저속차량이 내차 앞을 가로막으면 이내 감정이 폭발해 바로 보복 운전을 하는 등 여러 가지 사회문제를 일으키고 있다.

자동차와 도시민의 건강

　도심 속 자동차는 24시간 동안 움직이면서 도시민들의 삶에 영향을 준다. 소음이 끊임없이 발생하고 이는 사람들의 스트레스 지수를 높인다. 그리고 도시민들의 숙면을 방해하면서 피로회복을 더디게 하고 불면증을 불러오는 등 건강에도 많은 영향을 미치고 있다. 또한 사람들 간의 의사소통을 방해하면서 사람들의 목소리를 크게 만든다. 자동차 매연과 타이어 마모과정에서 발생한 미세먼지 등으로 인해 도심의 공기는 발암성 물질, 환경호르몬, 중금속 등으로 가득 차게 된다. 도심지 공기 속에 포함된 질소화합물이 화학반응을 일으키면 사람들에게 치명적인 피해를 주는 오존의 농도도 높아진다. 우리나라 도시민들의 혈액 속 중금속오염 수치는 OECD 국가 중에서도 매우 높다고 한다.

　문제는 더욱 심각한데 온갖 오염물질이 공기 중의 먼지에 달라붙어 땅으로 내려앉는다. 이 먼지는 도로에 내려앉자마자 달리는 차량의 바퀴에 의해서 잘게 부서진 다음 차량이 일으키는 바람 때문에 다시 공기 중으로 멀리 흩어진다. 이런 상태가 24시간 1년 내내 지속되면서 먼지는 더욱더 잘게 부서지면서 초미세먼지로 변한다. 이 먼지는 일반 방진 마스크로는 걸러지지 않고 호흡기를 통해 우리 몸속으로 들어와 폐에 바로 흡착된다. 특히 경유차에서 나오는 매연은 어린이와 노약자들에게 중이염, 축농증 등을 유발하는 원인이 된다.

도로변의 나무는 공기를 정화하지 못한다

 사람들은 도심에 심어진 나무와 야생화 같은 식물이 공기정화에 도움을 주는 것으로 굳게 믿고 있다. 하지만 식물의 잎과 줄기는 이미 초미세먼지와 매연으로 덮여 광합성을 제대로 하지 못한다. 공기정화 기능을 기대하는 것은 사람들의 착각이다. 도심지 터널 주변에 심어진 조경수가 시꺼먼 매연을 뒤집어쓰고 있는 것을 보면 이 나무에서 정말 신선한 공기가 만들어질 수 있을까? 하고 의심을 하게 된다. 도심에 비가 내리면 식물의 잎과 줄기에 묻어 있는 중금속이 씻겨 땅속으로 들어간다. 식물은 생존을 위해 토양 속 수분과 양분을 흡수하는데 이때 중금속도 함께 흡수되어 나무의 줄기에 쌓인다. 도시의 도로변에 자라는 나무가 잎만 무성하다고 해서 건강한 나무가 아니라는 이야기다. 이에 비해 자연 그대로의 숲은 공기정화에 탁월하다. 숲에는 미기후—지표면의 상태나 지물의 영향을 강하게 받아서 미세한 기상이나 기후 상태의 차이가 있는데 나무가 자랄 때 증산작용이 활발히 이루어지고 이때 공기 중으로 날아가는 물방울이 숲속에 습기를 제공한다. 또한 나무가 모여 있는 숲은 햇볕이 차단되어 숲속에는 습기가 많아진다. 이러한 습기는 공기 중에 날아다니는 미세먼지와 흡착하여 땅으로 떨어지면서 숲속 공기를 정화시킨다. 먼지가 가득한 공간에서 스프레이로 물을 뿌리면 물방울이 먼지와 결합해서 떨어지는 원리와 같다.
 이제까지 우리가 보아온 도시의 공원이나 녹지가 '도시 속의 숲'이었다면 이제는 내가 사는 곳을 '숲속의 도시'로 만들어야 한다. 도시에 나무가 많으면 도시의 공기가 맑아진다는 사실을 우리는 잘 알고 있지만 좀처럼 나무 심기를 실천을 하지 못하고 있다.

도심 도로를 쉬게 하자

　휴일에 아파트에서 지내다 보면 끊임없는 자동차 소음에 시달린다. 이럴 때면 도로 휴식일 제를 도입하면 어떨까 생각해 본다. 필자가 사는 아파트 앞 도로변에 한 달에 한 번만이라도 차가 달리지 않는다면 공기의 질은 개선될 것이다. 이 제도를 도입할 경우 다른 우회도로가 차량 통행량이 많아질 수도 있겠지만 도심의 소음과 매연을 줄이고 도시민들의 안전을 위해 필요한 제도가 아닌가 싶다.
　도심지에 차량으로 인한 여러 가지 환경문제를 근본적으로 해결하기 위해서는 내 집 앞까지 차를 가져가야 한다는 생각을 바꿔야 한다. 출퇴근 시 도시 외곽에 주차하고 대중교통이나 자전거를 이용한다면 에너지도 절감하면서 사람들의 건강도 지키는 생태적인 도시가 될 것이다. 이러한 환승 시스템은 국가적으로 추진해야 할 것이다. 하지만 제일 먼저 도시에 사는 사람들이 도시 내에서 자동차 운행을 줄이는 방법에 대해 고민해야 한다. 아주 짧은 거리인데도 무조건 자동차를 이용하는 태도는 공동체의 공기주머니를 오염시키는 무책임한 행동이다. 공동체 공기주머니가 오염되면 제일 먼저 어린이와 노약자가 피해를 본다는 사실도 알아야 한다.

자동차 원료와 지구환경 오염

　자동차의 편리함 이면에 감춰진 수많은 환경문제와 도시민들이 받는 정신적인 고통이나 건강 문제에 대하여는 모두가 불문에 부치면서 살아가고 있다. 몇 해 전에 독일의 한 자동차회사가 배출가스 시험 성적서를 조작한 것으로 밝혀져 세계적 이슈가 되었다. 지금은 달리는 자동차 엔진룸에서 불이 붙는 사고가 늘어나고 있다. 우리나라 소비자들은 지금부터라도 연비가 높고 환경오염이 적은 자동차인지 꼼꼼히 따져보고 구입 해야 할 것이다. 그래야 자동차회사에서 소비자 욕구에 부응하는 자동차를 개발하게 될 것이다.

 우리 국민이 밤을 세워가면서 만든 자동차 수출로 벌어들인 외화가 석유 에너지 구입으로 산유국이 밀집한 중동으로 손쉽게 넘어가는 것을 보면서 많은 생각이 든다. 중동에서는 넘쳐나는 오일 달러로 미래의 먹을거리 산업을 준비하기도 하지만 이로 인해 중동의 한 국가 내 부족 간은 물론 국가 간의 분쟁도 끊이질 않고 있다. 이 오일머니는 헤지펀드 종잣돈이 되어 세계 곳곳의 곡물, 희토류 금속, 에너지 등을 매점매석 해서 물가를 올리기도 하고 경제력이 약한 나라의 환율에도 관여하면서 세계를 혼란에 빠뜨리고 있다. 석유 에너지를 사용하는 우리는 모두가 헤지펀드의 공범이자 지원군이 되어 주고 있다.

 석유 에너지는 언젠가는 고갈될 부존자원임을 명심하고 아껴 써야 할 것이다. 최근에 석유 에너지로 인한 지구온난화와 환경문제가 대두되면서 대안으로 전기와 바이오디젤을 원료로 하는 자동차가 개발되고 있다.

 여기서 한 가지 짚고 넘어갈 것은 전기자동차인데 많은 사람이 전기는 공짜라는 인식하고 있지만 절대로 공짜가 아니다. 화력발전소 전기의 경우 화석연료 사용으로 인한 미세먼지 공해와 지구온난화 가속화라는 대가를 지불해야 하며, 원자력발전소 전기의 경우 핵 원료 사용 후 재처리 과정에서 방사능 유출 위험이 있고 많은 돈과 시간이 소요된다. 그동안 싼 가격에 전기를 얻을 수 있어 고맙다고 여겨온 원자력발전소에 대한 맹신도 금물이다. 일본 후쿠시마 원자력발전소 폭발사고에서 볼 수 있듯이 자칫 후손들에게 큰 재앙을 안겨줄 수 있기 때문이다. 최근 우리나라도 지진에 안전한 나라가 아니라는 여러 증거가 나오고 있다. 유럽에 있는 조그마한 나라 오스트리아는 헌법에 국민의 동의가 없으면 원자력발전소는 건설할 수 없다는 조항이 있다고 한다. 그 대신 이 나라에서는 지하자원의 반대개념인 지상 자원, 즉 나무 등 바이오매스를 이용하여 친환경적이면서도 자국의 경제발전에 도움이 되는 에너지정책을 추진하고 있다. 이웃한 일본에서도 후쿠시마 원전 사고 이후 원자력발전소의 전기 의존을 줄이는 대안으로 바이오 연료인 목재펠릿 사용을 늘리는 정책을 펼쳐 부족한 전력을 보충하면서 지구온난화 방지에도 기여하고 있다.

바이오디젤과 환경오염 부메랑

유럽은 북극권의 고위도 지역에 위치하다 보니 지구온난화에 대해 세계 어느 나라들보다 민감하다. 스위스에서는 때아닌 겨울비로 만년설이 녹아내려 홍수를 입었는가 하면 맨바닥을 들어낸 스키장이 폐쇄되는 등 유럽의 많은 나라가 다양한 피해를 보고 있다. 유럽의 많은 나라가 선호하는 바이오디젤은 청정에너지가 아님을 알아야 한다. 바이오디젤의 많은 부분을 차지하는 것은 팜오일이다. 팜야자에서 생산되는 팜오일은 산업의 원자재로 각광 받으면서 적도를 중심으로 열대림을 가진 나라에서 소위 돈이 되는 산업으로 급부상하고 있다. 문제는 열대림을 보유한 국가들이 팜오일 생산을 국가기반산업으로 육성하면서 밀림을 밀어낸 자리에 경쟁적으로 팜 야자수 심기에 나서고 있는 점이다. 팜오일은 해당 국가에 돈을 벌어 주겠지만 지구의 허파 역할을 해온 열대우림의 공익적 가치는 어디에서 되찾아야 할지 문제로 남는다. 열대우림의 나무들이 내뿜던 맑은 공기가 사라진 만큼 지구온난화도 가속되고 있다.

자동차와 공존하는 방법

 사람들은 자동차에 많은 것을 의존한다. 우리나라에서 자동차는 수출과 내수시장의 큰 축을 담당하고 있다. 하지만 자동차의 과다 사용으로 인한 폐해가 심각해졌다. 자동차와 공존하기 위해서 소비자는 사용을 절제하고 오래된 경유 자동차의 운행을 줄여야 한다. 생산자는 진짜 친환경적인 자동차를 생산해야 하며 수소전지 등 새로운 원료 개발에도 힘써야 할 것이다.

 또한, 자동차가 판매되는 숫자보다 몇 배로 도심지에 숲을 늘려야 한다. 도시 숲은 도시민들의 건강을 지켜 낼 수 있다. 오래된 아파트단지나 유원지에 가 보면 주차장을 늘리기 위해서 화단 등 녹지공간의 나무를 베어 낸 모습을 종종 목격하게 된다. 숲이나 나무 심을 공간을 늘려나가야 할 판에 사람들은 너무 쉽게 자동차에 많은 것을 양보하고 있다. 도심지의 숲은 자동차의 소음과 불빛을 차단하고 매연 및 미세먼지와 초미세먼지를 흡수하여 공기를 정화한다. 또한 자동차 엔진으로 가열된 도심의 온도를 낮추고 초록색 녹음으로 도시민들의 심신을 안정시키고 도심지 생태계를 유지하는 등등 수많은 혜택을 준다는 걸 명심해야 한다.

인도네시아 밀림에 만들어진 팜오일 농장

자료출처 : 연합뉴스

세금 확보에
희생되는 숲

나무가 있어 아름다운 산

 '산은 높아서라 아니라 나무가 있어 아름답다'라는 말이 있다. 하지만 현대사회에서 돈이 우선되면서 산에 나무가 없으면 좋겠다는 사람들이 늘고 있어 마음이 아프다. 임업에 종사하는 한 사람으로서 대한민국에서는 나무가 돈이 안 된다는 인식이 팽배해질 때까지 제 역할을 못 한 필자도 무력감을 느낀다. 그 무력감에서 벗어나고자 이 글을 쓰고 있는지 모르겠다. 우리나라를 금수강산으로 부러워하는 이유 중의 하나가 푸른 나무들이 산을 지켜주기 때문이다.

 나무가 산을 지킨다면 쉽게 이해가 안 될지도 모르겠지만 북한의 경우를 보면 쉽게 이해가 될 것이다. 북한에는 산에 나무를 없애고 경사진 밭을 만들어 감자나 옥수수를 재배하고 있다. 심지어 산꼭대기까지 밭으로 개간하기도 한다. 문제는 비만 오면 흙이 흙탕물로 변하면서 산 아래로 흘러가 강을 메운다는 것이다. 이것이 반복되면 적은 양의 비에도 홍수를 입게 되어 마을이 침수를 당하는 피해를 입게 되는 것이다.

 우리나라는 울창한 숲이 산의 토사가 흘러내리지 못하게 붙잡고 있어 많은 비에도 홍수 걱정 없이 살고 있다. 이처럼 산에 있는 나무는 홍수를 막아주고, 야생동물을 키우고, 공기를 정화하는 등 2018년 현재 연간 221조 원의 공익적 가치를 지니고 있어 정말 중요한 역할을 하고 있는데도 사람들이 천덕꾸러기로 보고 있는 것이 문제다.

산림개발에 나무가 방해꾼?

현재 우리나라 산에서 자라는 나무는 값이 0원이다. 우리가 나무의 값이라고 매겨놓은 가격은 나무를 베고 적당한 길이로 자르는 데 필요한 인부임이나 기계장비의 비용 즉 벌목경비와 운반비 등에 들어간 비용 총액에 이윤을 붙인 금액이라 할 것이다. 나무 자체의 가격은 미미하다. 독일의 경우 100년 된 나무 한 그루 가격이 승용차 한 대 값과 맞먹는데 2~3세대에 걸쳐 만들어진 것이니 그럴 만도 한데 우리 현실과는 너무 차이가 난다. 나무는 나이를 먹을수록 가치가 높아지는데 이를 형질생장이라고 한다.

사람들은 나무를 키우는 데 시간이 오래 걸리고 소득도 별로 없는 임업경영보다는 산림을 택지나 공장으로 개발하여 돈을 벌고 싶어 한다. 개인이 자기 산에 펜션, 공장 등을 짓기 위해서는 반드시 관계부서의 허가를 받아야 한다. 이때 산에서 자라고 있는 나무의 축적-숲 전체가 가지고 있는 목재의 양-이 해당 지방자치단체의 평균 축적보다 150%를 초과하면 허가가 나지 않는다. 사정이 이렇다 보니 산림이 울창한 산주들의 불만이 이만저만이 아니다. 어떤 산주들은 자기 산에 숲 가꾸기를 하지 말라고 하는데 이유는 숲 가꾸기를 하면 나무가 빨리 자라서 입목축적이 높아지기 때문이란다. 이러한 문제를 해결하기 위해서 산지 개발을 허가할 때 입목축적을 150% 이상으로 허가 조건을 완화해 주면 되지 않느냐고 하겠지만 이 경우 집중호우 발생시 산사태와 국토의 난개발이 우려되는 부분도 있어 정부와 지방자치단체의 고민이 깊다고 하겠다.

세금 확보를 위해 사라지는 숲

또 한 가지 문제는 산지의 가격이 대지나 전답보다 지나치게 낮다는 점이다. 그래서 산주들은 기회만 되면 산지를 대지나 공장용지로 바꾸는 전용을 하고자 한다. 이렇게 산이 대지나 공장용지로 바뀌는 것을 반기는 사람이 산주 말고 또 있다. 바로 지방자치단체이다.

요즘처럼 세수가 부족한 시기에 정부에서는 예산 부족을 이유로 지방자치단체에 보조금 형태로 지급하는 지방교부세를 매년 줄이고 있다. 지방자치단체에서는 자구책으로 지방세 확충에 나서고 있는데 그 방법이 지방세에서 큰 비중을 차지하고 있는 재산세의 과세 대상을 확대하는 것이다. 같은 3.3㎡의 땅값이 산지보다는 대지나 아파트, 공장용지로 용도 전환을 하면 공시지가가 월등히 높아지기 때문에 지방자치단체에서 걷어 들이는 세금도 큰 차이가 난다. 평지 상태의 전답이나 산지를 25층짜리 아파트를 지으면 최소 25배 이상의 세금을 걷을 수 있다. 해당 지자체에서는 표정 관리를 하면서 전답이나 산이 타 용도로 전용되는 것을 방조하고 있는 것은 아닐까? 하지만 산을 개발하면서 나타나는 부작용도 많은데 산사태로 인해 공장이 매몰되거나 붕괴사고가 잦아 새로운 재해의 주범이 되고 있다.

어떤 지방자치단체에서는 아예 자체적으로 개발공사를 설립하여 주도적으로 도심 외곽의 공시지가가 낮은 산지를 지구 단위로 개발하여 세원을 발굴한다. 이렇게 걷어 들인 세금으로 시민들의 복지비와 도시 인프라를 구축한다. 또 공단을 조성하여 분양하기도 하는데 입주한 공장에서는 각종 오염물질과 소음, 미세먼지, 과도한 빛을 생산해 사람들의 건강을 해치게 한다. 이렇게 건강을 잃은 사람들의 치료를 위해 다시 세금을 사용하는 악순환이 계속되고 있다.

숲세권을 아시나요?

 얼마 전까지 대도시 아파트를 분양할 때 때 철도나 지하철을 끼고 있으면 편리한 교통의 장점을 부각하게 시키기 위해서 역세권이라는 말로 프리미엄 높였다. 최근에 대도시에서는 아파트를 분양하면서 숲세권이라는 프리미엄을 제시한다고 한다. 숲세권은 숲이 미세먼지와 도시열섬 현상으로 인한 열대야 해소에 도움을 준다고 알려지면서 도심지 숲 언저리에 자리한 아파트가 인기를 얻으면서 만들어진 단어이다. 폭염과 열돔, 열대야가 일상이 되어 버린 현실에서 숲이야말로 인간의 생명과 건강을 지켜주는 고마운 존재임을 잊지 말아야 한다.
 지금부터라도 전답과 산을 이용한 세금 확보 정책에 변화해야 할 것이다. 논이나 밭은 공장이나 다른 용도로 사용되더라도 다시 원상복구가 가능하다. 하지만 산이라는 생태계는 논이나 밭이랑은 차원이 다르다고 말할 수 있다. 굳이 숲이 가지고 있는 수많은 이로운 점을 이야기하지 않더라도 산과 숲은 한번 사라지면 자연 상태로 되돌릴 수 없다는 걸 알아야 한다.

바다 간척으로
좁아지는 국토

간척사업 되돌리기

　1970년대 우리나라에서는 식량 자급을 위해서 바다를 메워 논으로 만드는 간척사업을 국가의 중요사업으로 실시하였다. 당시 정책 방향은 '간척사업은 바다를 메워 국토의 면적도 늘리고 쌀밥도 먹을 수 있다' 라는 것이었다. 덕분에 국토의 육지 면적이 넓어지고 쌀밥을 먹게 되었으니 외형적으로는 성공한 정책임에 틀림이 없다.

　대한민국 국토의 지도를 바꿔왔던 간척사업은 쌀값이 폭락하면서 반세기도 지나지 않아 그 폐해가 나타나고 있다. 전남의 한 자치단체에서는 쌀값이 폭락하자 바다를 메워 만든 논을 돈을 들여 다시 바다로 되돌리는 사업을 펼치고 있다고 한다. '문화가 산업을 만든다' 라는 말이 있는데 최근에 우리나라 사람들이 건강을 위해 어패류, 낙지와 같은 수산물 소비문화가 정착되면서 수산업이 비약적으로 발전하고 있다. 농지보다 갯벌에서 많은 소득이 오르자 간척지를 다시 갯벌로 되돌리고 있는 것이다.

간척사업으로 줄어든 국토

 간척사업의 또 한 가지 폐해는 당시 바다를 메우면 국토의 면적이 넓어진다고 했는데 사실은 전혀 그렇지 않다. 오히려 크게 두 가지 형태로 국토가 줄어들었는데 첫 번째는 바닷속 농토인 갯벌 면적이 줄었다는 것이다. 바다와 접해 있으면 모두 갯벌이 존재하는 것으로 잘못 알고 있지만 전 세계에서 갯벌을 가진 나라는 우리나라를 포함해서 5개 국가 정도이다. 우리나라도 서해안과 남해안에만 존재한다. 특히, 우리나라 갯벌은 미네랄의 보고로 불리는데 바다생물의 종 다양성과 왕성한 생명력을 자랑하는 것은 물론이고 정화기능도 매우 높다.
 그런데 겨우 50년 앞을 내다보지 못하고 전 세계적으로도 귀한 갯벌을 메워 그 면적을 줄였으니 국토가 오히려 줄어든 셈이다. 어촌에서는 갯벌을 물밭이라 한다. 당시 사람들은 쌀밥에 대한 강한 집착으로 갯벌이 바닷속 소중한 농토였다는 것을 미처 깨닫지 못했다.
 다음으로 간척사업 때문에 줄어든 국토는 산이다. 산을 깎아 바다를 메웠기 때문이다. 산도 갯벌과 마찬가지 세계적으로 귀한 부존자원이다. 우리나라는 국토의 64%가 산이라 산에 대한 고마움을 잘 모르고 있다. 이집트와 같은 중동의 사막 지역이나 프랑스 파리, 싱가포르 등 많은 나라와 도시에는 산이 없다. 우리가 프랑스의 관광명소로 잘 알고 있는 에펠탑도 파리가 평지라 시내 어느 곳에서도 잘 보이는 상징물을 생각해 낸 것이 에펠탑이다. 싱가포르 사람들은 우리나라에서 등산과 스키를 즐기려고 관광을 온다.
 필자가 우리나라의 산을 세계적으로 귀한 부존자원이라고 표현한 것은 우리나라의 산은 단순한 산이 아니라 입체적인 국토라는 점이다. 우리 국토가 좁다고 이야기하는 이유는 우리나라 면적을 평면으로만 계산하기 때문이다. 평면으로 계산한 우리나라 국토면적은 99,720㎢로 전 세계 국가 중 109위이다. 사막 같은 평면이라면 이 좁은 국토에서 5천만 명이 살아간다는 것은 거의 불가능할 것이다. 하지만 우리는 입체적인 국토를 가지고 있어 5천 200만 국민이 거뜬히 살아갈 수가 있는 것이다. 우리나라 산을 평면으로 펼치면 지금의 국토면적보다는 몇 배 넓어진다고 한다. 현재 3차원 측량할 수 있으므로 조만간 우리나라 국토를 평면으로 펼친 면적이 얼마인지 정확하게 알 수 있을 것이다. 간척사업으로 산이 사라져 국토의 면적이 줄었다는 것은 입체적인 면적이 줄었다는 이야기다. 사막에서 가로와 세로 각각 1m 면적은 1㎡이지만 우리나라 한라산 정상의 가로와 세로 각각 1m의 평면상 면적 1㎡에 더해 높이 1,950m를 입체로 계산하면 이야기는 달라진다. 입체적인 국토의 힘을 느낄 수 있을 것이다.

간척을 위해서 산을 깎아 바다 위에 새롭게 만든 논으로 평면상 국토면적을 늘렸지만, 오히려 갯벌과 산이 가지고 있던 입체면적이 사라진 것이다. 지금도 우리 주변에는 입체적인 산을 깎아 바다와 계곡, 농지를 메워 평면으로 만드는 일이 계속되고 있어 안타깝다.

산과 함께 사라진 자원과 생명체들

산이 사라지면 많은 것이 함께 사라진다. 우리나라는 입체적인 산이 많아서 물이 풍부하지만, 산의 경사가 심하고 산과 바다와의 거리가 짧아 산에 내린 빗물이 오랫동안 육지에 머물지 못하고 겨우 며칠 만에 바다로 흘러간다. 하지만 사막의 1㎡ 위에 내린 빗물은 바로 땅속으로 스며들지만, 한라산 정상 1㎡에 내린 빗물은 1,950m를 흘러내리면서 지하수도 되고 산짐승의 음용수가 되고, 식물들의 생명을 유지 시켜주는 다양한 기능과 역할을 한 다음에 바다로 흘러간다. 이와 같은 일을 하는 산이 사라지면 수자원 고갈, 야생동식물의 서식처 파괴, 임산물과 목재의 생장량 감소, 미기후의 변화와 같은 심각한 문제가 생긴다.

바다 매립은 신중하게 하자

최근에는 바다를 메워 논으로 만드는 간척사업 대신 항만건설과 해양신도시 건설을 위한 매립이 늘어나고 있다. 대표적인 것이 새만금 매립사업인데 그 면적이 엄청나다. 정말 국토의 지도가 바뀔 정도로 넓다. 새만금 매립지에 채워지는 흙은 바닷속에 있는 펄이나, 금강 하구와 바닷속에 쌓여 있는 모래를 퍼 올려 매립하기 때문에 산이 사라지는 것은 아니다. 갯벌도 소중한 우리 국토이면서 농토라고 말했는데 이 갯벌이 새만금 간척지 속에 묻혀 버리면 결국 바닷속 국토가 줄어든다고 본다. 매립을 위해서는 다각도의 고찰이 있어야 한다. 그래야 50년 전 간척사업의 전철을 밟지 않을 것이다.

사정이 이런데도 바다를 끼고 있는 지방자치단체마다 국토면적을 넓힌다는 이유로 바다를 메우는 일은 다시 생각해 볼 문제다. 최근 지구온난화로 인한 국지성 기상재해가 빈번한 이 시점에 무분별한 바다 매립은 큰 재앙이 될 수도 있다.

바다의 청소부로 불리는 갯벌

순천만

칡의 습격으로
사라지는 숲

칡! 숲의 천덕꾸러기

예전에 칡은 다양하게 이용되면서 사람들에게 사랑받는 숲의 일원이었지만 지구온난화와 함께 그 세력이 커지면서 숲의 암 덩어리로 전락했다. 산불이나 다양한 형태의 개발로 나무와 숲이 사라진 자리에는 어김없이 칡이 나타나 숲의 경제적 가치를 떨어뜨리며 수목의 생육을 위협하고 있다. 바야흐로 칡의 습격이 시작되었다.

칡은 수십 년 전까지만 해도 우리나라 사람들의 생명을 지켜준 참 고마운 식물이었다. 보리고개로 불리던 춘궁기에 칡뿌리는 허기진 배를 채우는 데 훌륭한 먹거리이자 간식이었고 꽃은 뿌리와 함께 한약재로 사용되었다. 칡덩굴은 강도가 높아 볏짚이 부족한 지역에서 새끼줄만큼 유용한 끈으로 이용되었다.

사람들이 먹거나 약용을 위해 칡을 자주 캐다 보니 개체 수가 적정하게 유지되어 왔다. 칡 이파리는 콩과 식물의 특성인 질소 성분이 많아 화학비료가 없던 시절에 퇴비로 이용되었다. 일자리와 아이들 교육을 위해 도시로 떠나는 사람들이 많아지고 농촌인구가 점점 줄어들면서 사람들은 칡을 찾지 않게 되었다. 지금은 칡냉면, 칡즙, 칡가루 등이 칡을 이용한 특색 음식으로 자리매김하고 있지만, 대량소비는 기대할 수 없고 칡꽃은 '갈화', 어린싹은 '갈용'으로 불리며 효소를 담그는 데 이용되는 정도이다. 필자는 칡의 소비를 촉진하는 방법을 고민하다가 단골 중국집 주방장님께 부탁해 칡 탕수육을 만들어 직원들과 시식을 해보았다. 칡의 질긴 섬유질 때문에 제대로 삼켜지지 않았고 쓴맛이 나서 실패했지만 소중한 경험이었다.

  칡은 콩과에 속하며 덩굴성 줄기를 뻗는 식물인데 햇볕과 더운 날씨를 매우 좋아한다. 최근 여름철 폭염은 그야말로 최고의 생육조건을 제공한 셈이다. 기온이 따뜻한 남부지역이 칡으로 인한 피해가 많은 이유도 여기에 있다. 뿌리에서 질소를 고정하는 콩과 식물답게 척박한 토양에도 잘 적응한다. 장소에 따라 차이가 있겠지만 예년에는 1년에 10m 정도 덩굴을 뻗었다면 최근에는 15m 이상 뻗어나가는 것을 관찰할 수 있는데 자라는 속도가 심상찮다. 소비자와 천적이 없어진 칡은 '나 여기 있소' 하고 과시하듯 무서운 속도로 자라나 숲의 무법자가 되었다.

  칡이 숲의 경제적 가치를 떨어뜨리는 유형은 크게 세 가지 정도다. 먼저 강한 덩굴이 감아 나무줄기를 움푹 들어가게 만들어서 목재의 경제적 가치를 떨어뜨려 쓸모없는 나무로 만드는 것이다. 다음은 나무 전체를 덩굴로 덮어 나무가 광합성을 하지 못하도록 해서 고사시키는 것이다. 마지막으로 지면을 뒤덮어 나무 종자의 발아를 방해하기 때문에 어린묘목이 자랄 수 없는 환경을 만들어 숲이 형성되는 것을 막아 산사태 발생의 원인이 되기도 한다.

칡 때문에 사라지는 숲

　칡이 이처럼 무서운 속도로 세를 늘리는 것은 숲이 사라지면서이다. 산에 도로가 만들어지면서 숲 그늘이 사라지자 절개사면을 칡이 채웠다. 들판을 가로질러 도로를 건설하려면 산을 깎아서 나온 흙을 가져다 메우는데 이때 칡뿌리는 물론 종자도 함께 옮겨진다. 도로가 준공되고서 2~3년이 지나면 들판 가운데 칡밭이 만들어지고 주변 농경지와 가로수 등에 피해를 준다. 아름다운 경관을 위해 심은 가로수는 이미 칡덩굴에 덮여 꽃을 피우지도 못하고 고유의 모양이 망가지거나 고사 되기 일쑤다.
　산림을 경영에 반드시 필요한 임도 역시 칡이 숲속 깊숙이 들어오도록 만드는 조력자이다. 경영을 포기한 논밭도, 산불로 인해 숲이 사라진 곳도 어김없이 칡밭이 되어 간다. 칡이 너무 많아 새로 나무를 심는 조림 사업은 꿈도 못 꾸고 방치할 수밖에 없는 실정이다. 임지를 구분할 때 나무가 없는 곳을 제지라고 하여 버려진 땅으로 부르는데 앞으로는 나무가 없는 칡밭도 제지로 구분해야 할 정도로 피해가 심각하다.
　칡의 습격은 정말 무섭다. 산과 밭, 묘지, 임도를 가진 개인은 물론 정부에서도 칡을 제거하는 데 막대한 돈과 시간을 쏟아붓고 있지만, 칡은 쉽게 제거되지 않고 있다.

칡의 천적은 그늘과 숲 가장자리

　최근에 칡 제거를 위해 농약을 사용하는 화학적 방법 또는 직접 캐내는 물리적인 제거 방법이 아닌 친환경적인 방법인데 바로 그늘과 숲 가장자리를 이용하는 것이다. 숲 그늘은 나무가 크게 자라면 자연스럽게 생긴다. 숲의 가장자리는 숲의 겉옷이라고 불리는데 이곳에서 숲을 지키는 다양한 역할이 이루어진다. 먼저 해가 질 때는 숲 깊숙한 곳까지 햇살이 비쳐 표면이 건조해지는데 이를 막는다. 겨울철에 찬바람이 숲속으로 들어오지 못하도록 막아서 어린나무와 야생동물이 얼어 죽지 않도록 해준다.

다음으로 큰 역할은 칡과 같은 유해식물이 숲속으로 들어오지 못하도록 방어벽 역할을 한다. 칡은 그늘에서는 살 수 없어 땅으로는 기어서는 짙은 그늘의 숲속으로 들어오지 못한다. 따라서 칡덩굴이 나무를 기어올라 나무꼭대기 부분에서 다른 나무로 건너뛰며 이동을 하는데 숲 가장자리에서 자라는 나무들이 칡이 숲속 나무꼭대기로 올라오지 못하도록 버팀목이 되는 것이다. 숲의 가장자리에서 칡덩굴을 뒤집어쓴 나무는 결국 죽는다. 하지만 칡덩굴이 숲 가장자리 나무에 붙잡혀 있는 몇 년 동안 숲속의 나무들은 훌쩍 자라서 칡의 습격을 이겨낸다.

도시의 가장자리와 칡의 역할

도시에는 칡이 별로 없는데 토양은 죄다 콘크리트로 뒤덮여 있고 빌딩 그늘도 많아 칡이 뿌리 내리기에 좋은 환경이 못 된다. 필자는 칡을 이용해서 도심을 시원하게 만들어 보고자 두 가지 칡덩굴 빌딩을 구상해 보았다. 하나는 아파트 각각의 동마다 서쪽 벽면을 칡으로 덮어 건물을 시원하게 하는 것이다. 20층 아파트 서쪽 벽면의 높이는 약 60m 정도인데 땅에 칡을 심는다면 20m까지는 녹색으로 뒤덮을 수 있다. 나머지 40m는 독일의 어느 아파트처럼 위쪽 구간은 태양광발전소로 활용하는 것이다.

두 번째는 일명 녹색탑으로 불리는 방식인데 도심의 빈 빌딩을 이용하거나 높이 50m짜리 철재 구조물을 지어 이곳에 칡과 상록성 덩굴식물을 올리는 구상이다. 강변이나 공원 등 트인 장소에 설치된 녹색탑은 도심 어느 곳에든지 보여 도심의 새로운 관광명소가 될 수 있을 것이다. 최근 미세먼지로 도시민들의 건강이 크게 위협받는 현실에서 녹색탑은 눈으로 한번, 공기정화로 두 번 사람들의 건강과 도심의 생활환경을 쾌적하게 하는 데 도움을 줄 것이다.

칡은 더운 여름 열섬현상으로 인한 도심의 열대야 예방, 미세먼지 저감, 소음감소 등 각종 문제를 시원하게 해줄 수 있는 도시의 가장자리 역할을 톡톡히 해낼 것이다.

칡덩굴 피해

칡덩굴 피해

출처 : 끼옥이의 유머 플로그

제 2 장

숲과 정원은 창의성의 곳간

숲 유치원과
창의성

독일의 숲 유치원

 숲 유치원이라는 말이 생소하던 2009년도에 인천광역시에서 우리나라 최초의 숲 유치원이 개원했다. 우리나라에 숲 유치원 열풍을 몰고 온 독일의 숲 유치원은 1993년에 정식 교육기관으로 인정받았으며 현재 1,000개가 넘게 운영되고 있다고 한다. 필자가 독일의 숲 유치원을 접한 것은 독일 배낭여행을 갔을 때 현지 호텔에서 본 텔레비전 프로그램에서였다. 독일의 숲 유치원 관련 텔레비전 프로그램이 우리나라에 들어왔다면 편집이 되어 생생한 현장감을 느낄 수 없었을 것이다. 독일 현지 방송이라 정말 관심 있게 보았다. 비록 독일어는 알아들을 수 없었지만, 숲이라는 열린 교실에서 아이들은 놀이에 필요한 아이디어를 내고 서로 협동하는 모습을 엿볼 수 있었다. 또한 선생님들의 도움은 있었지만, 아이들이 스스로 모닥불을 지피고 간단한 요리를 해 먹으면서 생존을 위한 교육도 하고 있었다. 비가 오면 선생님과 부모님, 아이들이 함께 비를 맞으며 비옷 위로 떨어지는 빗방울 소리와 촉감을 직접 느끼면서 숲과 하나 되어 즐기고 있다는 느낌을 받았다. 우리나라 같으면 부모들이 아이들 감기에 걸릴까 봐 비를 맞는 것은 물론 비가 오는 날에는 야외수업을 못 나가게 하겠지만 그곳에서는 당연해 보였다. 독일의 숲 유치원은 경험주의 교육철학이 깔려있다고 볼 수 있다. 경험주의는 독일의 철학자 칸트가 주장한 것인데 이는 독일을 세계 최고의 기술 강국으로 거듭나는 데 기본정신이 되었다고 본다. 특히 감수성과 인지능력이 무한대인 어린 아이들을 상대로 모든 교과가 숲에서 이루어지는 숲 유치원은 경험주의 교육이 제대로 이루어지는 곳이었다.

그곳 숲속 교실에는 아이들이 숲의 일원이 되어 숲에서 일어나는 1년 동안의 모든 변화를 오롯이 느끼고 체험한다. 유치원생들이 봄에는 온갖 식물들의 새싹이 돋는 모습을 관찰하고 꽃은 어떤 모양과 색깔이 있는지 관찰한다. 꽃은 벌과 나비 같은 곤충들에게 꿀을 주는 대신 열매를 맺기 위한 꽃가루받이를 하는 공생관계를 자연스럽게 배운다. 제철에 익어가는 열매를 따서 먹는 것은 기본이고 가을이 되면 숲이 어떻게 겨울을 준비하는지도 느끼고 배운다.

숲 유치원 선생님은 학습보조자일 뿐 진짜 선생님은 숲이었다. 아이들은 자연이 선물한 숲에서 하루 종일 숲을 친구삼아 놀고 또 놀고 있었다. 통나무는 모험심을 길러주는 우주선이 되어 하늘을 날기도 했고 조그마한 나뭇가지는 상속의 마법사 빗자루가 되어 하늘을 날았다. 두더지 굴은 지하세계를 탐사하는 좋은 학습 도구였다. 아이들의 옷은 흙으로 얼룩지고 얼굴에 흙이 묻어 있었지만 아무도 개의치 않았다.

자립심과 인성을 키우는 숲

독일에서는 아이들이 숲에 들어갈 때는 개인 배낭을 직접 메고 간다는 점인데 우리의 현실과 너무 달라서 많이 놀랐다. 배낭에는 먹을 것과 간단한 구급약, 비상시 도움을 요청할 수 있는 호루라기, 비옷 등 개인물품이 들어 있었다. 여기 아이들은 어릴 때부터 자신의 몸을 지킬 수 있는 자립심과 아이들끼리 자연물을 이용한 놀이를 통해 창의성, 모험심, 독창성, 배려심, 호기심, 관찰력, 섬세함, 예술성 등을 키워주고 있었다.

섬세함은 어떻게 길러질지를 생각하다가 하늘에서 내리는 비를 비유해 보았다. 비가 내리는 날 얇은 비옷을 걸치고 숲속에서 온몸으로 소나기, 이슬비, 가랑비, 안개비를 맞아본 경험이 있다면 같은 비라도 그려지는 이미지와 느끼는 감정은 매우 섬세해질 것이었다. 우리나라 아이들은 어쩌면 소낙비 한번 오롯이 맞아보지 못하고 어른이 되는 것 같아 가여운 마음이 들었다.

미래사회에 필요한 글로벌 인재의 역량을 비교해 본다면 아무래도 독일의 아이들이 우리나라 아이들보다 많은 분야에서 앞서 나갈 것 같아 왠지 부럽기도 하고 무서운 생각이 들었다. 그곳의 아이들은 봄에 꽃이 피는 과정을 매일 같이 관찰하면서 꽃과 대화를 나누다 보면 꽃을 그릴 때 꽃잎과 수술, 암술은 물론 꽃향기까지 그려낼 것 같은 생각이 들었다.

독일의 숲 유치원은 일반유치원보다 수험료가 월등히 비싸서 아이 부모의 선택으로 보내지는데 우리나라의 특수 사립유치원과 비슷하다고 보면 될 것이다. 독일에서는 아이들이 매일 숲에서 경험주의를 바탕으로 한 창의적인 교육이 이루어지고 있었다. 반면 우리나라 유치원은 체험학습 등을 통해 창의성과 모험심을 길러주고 있지만, 일회성 체험에 머물고 있다는 느낌을 많이 받았다. 감수성이 예민한 시기에는 자연에서 이루어지는 숲 교육을 정규교육에 반드시 반영하는 것도 좋겠다고 생각했다.

숲 유치원이 필요한 이유

교육열이 높은 우리나라는 좋은 대학에 가는 것이 좋은 직장을 갖는 지름길로 인식되면서 지금도 입시경쟁에만 몰두하고 있다. 서울에서는 유치원에서부터 명문대 입시를 준비하고 있다고 한다. 그러면서 한결같이 미래사회의 인재상은 아이큐가 높은 사람보다는 감성지수(EQ), 창조성 지수(CQ)가 높은 사람이 되어야 한다고 말한다. 역설적이게도 감성지수와 창조성지수는 자연에서 많이 놀고 자연과 친해져야 높아진다고 본다. 말로는 감성지수를 외치면서 실제로는 지능지수(IQ) 올리기에만 열중한다.

글로벌 시대에 우리 아이들과 서로 경쟁하면서 살아갈 독일 아이들은 숲속 놀이를 통해서 지능지수보다 감성지수와 창조성 지수 등을 종합적으로 높이기에 나서고 있다고 느꼈다. 이러한 독일의 교육철학은 2015년 기준 독일이 전 세계 1위 제품을 700개나 생산하고 있으며 노벨상을 102개나 보유하고 있는 최고의 기술과 지식, 창의성을 가진 나라로 만들었다. 독일은 전 세계적인 제조업 강국으로 거듭나면서 유럽에서 가장 잘사는 나라가 되었다.

미국의 애플과 구글은 소프트웨어를 개발하는데 우리나라 1위 기업인 삼성은 왜 애플에 필적할 소프트웨어를 개발 못 하나하고 말한다. 결론은 창의성 차이라고 말하고 싶다. 그동안 우리는 선진국의 지식을 수입해서 살아왔지, 순수하게 우리만의 지식을 만들어 수출해 본 경험이 전혀 없다. 그래서 새로운 지식을 만드는 데 기초가 되는 창의성과 감성지수를 올리는 방법을 멀리하고 오로지 선진국의 지식을 활용하는데 필요한 지능지수(IQ)를 높이는 데만 힘써왔다.

이제부터라도 어린이들을 숲으로 보내야 한다. 그렇다고 우리 아이들을 꼭 숲 유치원에 보내라는 말은 아니다. 주의가 산만한 아이들을 가르치느라 목이 쉬고 지칠 대로 지쳐서 일과를 마감하는 우리나라 유치원 선생님들에게 창의적이면서 의욕에 넘치는 수업을 요구하는 것은 문제가 있다. 우리나라에서도 숲 유치원이 많이 생기고 있지만, 부모님들의 지나친 관심과 안전사고에 대한 걱정으로 제대로 된 수업이 이루어지지 못하고 있다고 한다. 독일에서는 숲이 선생님이고 학부모는 참관인이었다. 우리나라도 아이들에게 자연을 제대로 느낄 수 있도록 안전이 담보되고 검증된 교육프로그램을 만들어 부모님들의 걱정을 들어주는 한편 교육 방법에 대해서는 해당 숲 유치원에 전적으로 믿고 맡겨야 할 것이다.

창의성과 청년 일자리

 우리나라를 대표하는 자동차회사가 유럽디자인센터를 세운 곳이 독일이다. 독일의 젊은이들과 전 세계에 모여든 디자인 인재들이 미래의 자동차를 설계하고 디자인하고 있다. 세계인의 이목을 집중시킬 수 있는 디자인은 창의성, 독창성이 있어야 가능하다. 또한 조직력이 발휘되기 위해서는 배려심과 협동심, 공감 능력이 있어야 하고 디자인의 완성도를 높이기 위해서는 섬세함과 예술성이 있어야 한다. 이것이 현대사회가 원하는 글로벌 인재상이라고 할 수 있다.
 독일의 젊은이들은 아주 어릴 때부터 자신들도 모르게 숲을 통해서 세계가 원하는 인재로, 독일을 이끌어갈 경쟁력을 갖춘 사회인으로 길러지고 있었다. 중소기업이 강한 나라로 손꼽히는 독일은 전 세계 1위 수출품이 700개가 넘는다. 창의성과 기술력이 있어야 가능한 수치인데 우리나라의 세계 1위 제품은 70개 정도이다. 미래에 대한민국이 먹고 살기 위해서는 젊은이들을 세계가 원하는 인재상으로 키워야 할 것이다.

우리나라 청년들도 공부를 많이 하고 많은 스펙을 쌓아 정말 똑똑하지만 청년실업은 이미 사회문제가 되어 버렸다. 필자는 청년실업 문제가 우리나라 공부 방법에 문제가 있다고 생각해 왔는데 결과적으로는 독일의 경험주의와 일맥상통한다는 것을 알게 되었다. 결론부터 말하자면 우리나라에는 학습이 제대로 이루어지지 않는다는 점이다. 학습(學習)에서 '학'은 배우는 것이고 '습'은 익히는 것인데 많이 배웠지만, 실제 경험이 없어 실전에 약하다는 것이다.

우리나라 임업 현장에는 젊은 사람들이 없어 인력난에 허덕이고 있다. 특히 숲 가꾸기 현장은 기계톱을 사용하기 때문에 위험한 일임에 틀림이 없지만, 특수기술자로서 노임단가가 높아 청년들이 도전해 볼 만한 직업이 될 것이다. 문제는 기계톱을 한번도 사용해 본 경험이 없다 보니 이 일이 내 적성에 맞는지 아닌지 판단할 기회조차 없다는 것이다.

청년들에게 많은 현장 체험의 기회를 주어 적성에 맞는 일자리를 찾아준다면 인력난에 허덕이는 중소기업은 물론 임업 분야와 같은 1차 산업 분야에도 외국인 근로자 대신 숙련된 우리나라 청년 기술자들이 넘쳐나게 될 것이다. 임업 기술 관련 단체에서는 청년들에게 다양한 임업 장비를 사용해 볼 수 있는 살아 있는 직업체험장을 많이 만들어야 한다. 최근 어린이 직업체험장은 많이 늘고 있지만 정작 일자리가 필요한 청년들을 위한 체험장은 찾아보기 어려운 것이 현실이다.

정원수와
창의성

목련 이야기

 수목 도감을 낸 덕분에 수목 분류에 관한 강연을 나갈 때마다 목련 이야기는 빠뜨리지 않는다. 나무에 달리는 연꽃인 목련은 흰색과 빨간색 등 다양한 색을 가지고 있는데 꽃자와 꽃잎의 부드러운 촉감, 꽃잎으로 풍선 불기와 글자 새기는 법, 여름철에 피는 목련 품종, 가을에 목련 열매가 새들에게 잘 먹힐 수 있도록 실을 타고 내리는 특징에 이어 향수에 관한 설명을 하면 남의 나라 이야기로 아는 분들이 많다. 심지어 "목련에 향기가 있는지도 몰랐는데 세계적인 화장품회사에서 향수까지 만들고 있다고요?" 하면서 물어 오시는 분들도 있다. 나이가 60이 넘도록 목련꽃 속을 처음 보았다면서 그 향기와 신비감에 반해 울먹이는 분도 계셨다. 하지만 우리 주변의 목련꽃은 봄의 전령이라는 별명에 어울리지 않게 너무 높게 달려있어 꽃 속을 관찰하는 것은 물론 꽃의 외형도 자세히 보기 어렵다. 꽃잎이 땅에 떨어질 때면 꽃잎에 시커먼 멍이 자리 잡고 있어 아름답지 못한 꽃으로 취급받는다. 여태 우리나라에는 꽃 속을 들여다보고 깊이 관찰하는 문화가 없다고 할 수 있다. 어른들이 모범을 보이지 않으니 아이들도 따라 하지 않는다. 식물관찰을 통해 창의성을 끌어내고자 많은 돈을 들여 만들어 놓은 수목원이나 식물원에 가서도 볼 것이 없다고 하소연이다. 이들 정원은 도시락과 통닭을 먹고 오는 장소로 자리매김하고 말았다. 철학과 과학의 근간이 되는 창의성과 몰입은 자연에 대한 깊은 관찰을 통해 길러지는데 우리 주변에는 아직도 자연에 대한 관찰환경과 사회적 인식이 부족하다고 하겠다. 나태주 시인은 풀꽃이라는 시에서 '자세히 보아야 예쁘다, 오래 보아야 사랑스럽다'라고 했다. 또 곤충학자로 잘 알려진 파브르는 등굣길에 곤충을 발견하고 같이 가던 친구에게 "학교에 먼저 가라, 곧 따라갈게"라고 했는데 잠시 후 친구가 와서는 "수업 끝났다. 집에 가자"라고 했다는 일화로 유명하다. 이러한 파브르의 몰입은 자세히 보고 오래 보아야 이루어진다.

아이들이 꽃 속을 드나드는 벌이랑 곤충의 생김새는 물론 꽃이 진 자리에서 볼 수 있는 피보나치수열도 관찰하고서 친구들과 서로 본 것들을 도란도란 이야기를 나눌 수 있는 세상을 만들어 주기 위해 이 책을 쓰고 있다. 이제 우리 아이들도 자기 키보다 갑절이나 높은 곳에 달려있어서 목련꽃 겉만 올려다보는 관찰법 대신 유럽의 아이들처럼 땅에 닿아 있는 목련꽃 속을 쪼그리고 앉아서 유심히 관찰하는 날이 올 수 있도록 사회구성원 모두의 생각이 바뀌어야 한다.

가로수와 정원수 구별법

우리나라 공원이나 수목원, 식물원에는 정원수가 거의 없다. 이곳에서 자라는 나무가 정원수가 아니면 무슨 나무일까. 대부분 도로변 경관을 좋게 할 목적으로 심는 가로수를 정원수로 심고 있다. 이 가로수용 나무의 특징은 지하고가 있다는 점이다. 지하고의 평균 높이는 1.5m에서 4m 정도인데 가로수 아래로 사람이나 자동차가 지나다닐 수 있는 공간이다. 이 가로수용 나무는 전체적인 모양은 단선 부채 모양을 한다. 서양식으로 보면 스페이드 모양으로 무게중심이 나무의 위쪽에 있어 태풍 등 강한 바람에 잘 넘어지는 단점이 있다. 그래서 우리나라 가로수의 대부분은 2~3년 동안 바람에 넘어지지 않도록 지주목을 세우고 있다. 문제는 가로수용 나무가 정원수 행세를 하고 있다는 것이다. 그렇다면 가로수와 정원수가 무슨 차이가 있는지 알아보자.

먼저 전체적인 수형을 비교해 보면 정원수는 수형이 대부분 원추형 또는 삼각형인데 땅에서부터 가지가 시작되기 때문에 무게중심이 땅 쪽에 있어 상당히 안정적이다. 반면에 가로수는 일정 높이 이상에서 가지가 시작하기 때문에 무게중심이 나무의 위쪽에 있어 상당히 불안하다. 이러니 강한 바람이 불면 넘어져 피해를 많이 입는다.

다음으로 식물관찰자의 눈에서 비교해 보면 정원수는 잎이 달린 가지가 땅 부근에서 시작하기 때문에 키가 작은 어린아이는 물론 중간키를 가진 청소년과 어른 모두 잎과 꽃, 열매의 관찰이 가능하다. 하지만 가로수는 땅에서 평균 2m 높이에 잎이 달려있어 키가 작은 사람들과 어린이들은 잎과 꽃, 열매를 관찰하기가 어렵다. 공원이나 식물원, 수목원에 정원수가 아니라 가로수가 심겨 있다면 어떻게 식물을 관찰할 수 있겠는가.

끝으로 정원수와 가로수의 공간미를 비교해 보면 정원수는 가지가 아래에서부터 시작하는 원추형을 이루고 있어 나무의 반대편이 보이지 않는다. 공원이나 식물원, 수목원을 찾는 사람들은 자연학습도 원하지만, 휴식이나 힐링을 위해서 찾는다. 당연히 자신의 모습이 다른 사람들의 눈에 잘 띄지 않기를 바란다. 따라서 정원수가 많은 관람로 사이를 마음

껏 누비고 다니면서 연인들은 사랑을 속삭일 수도 있다. 이에 비해 가로수는 보통 사람들의 키 높이보다 높은 위치에 잎이 있다. 즉 지하고가 높다 보니 반대편에 있는 사람과 눈이 마주치기도 하고 사람들의 움직임이 눈에 띄어 도무지 편안한 휴식이나 힐링이 되지 않는다.

정원수와 창의성

유럽 사람들이 그린 목련을 보면 원추형이나 땅에서부터 삼각형 모양을 그린다. 하지만 우리나라 사람들에게 목련의 수형을 그려보라고 하면 백이면 백 부채형이나 스페이드 모양을 그린다. 비단 목련뿐만 아니라 우리나라 공원이나 수목원에서 볼 수 있는 벚나무, 단풍나무도 마찬가지다. 이유가 무엇일까.

유럽 사람들은 15세기부터 발전해온 정원문화를 생활 속에서 접하면서 목련의 수형이 원추형이라는 것을 당연히 받아들인다. 하지만 우리나라 사람들은 정원수 본래의 수형을 본 적이 없는 상태에서 가로수를 먼저 접하다 보니 인위적으로 만들어진 수형이 그 나무의 자연 수형으로 잘못 인식하게 된 것이다. 이것은 단지 원추형이나 스페이드형의 문제가 아니다. 꽃을 포함한 식물들의 각 기관을 자세히 관찰할 수 없었다는 뜻이기도 하다. 정말 심각한 문제인데도 아무도 해답을 찾으려고 하지 않는다.

유럽 사람들은 목련꽃을 바라볼 수 있는 눈높이가 매우 다양하다. 땅에 붙은 가지에서 피어난 목련꽃의 암술과 수술의 모습과 수정과정을 아이들의 눈높이에서 관찰하고 중간 높이에서는 목련꽃의 향기와 색깔을 통해 디자인 요소와 창의적인 느낌을 자연스럽게 체득한다. 마지막으로 눈높이보다 높이 있어 하늘에 둥둥 떠 있는 목련꽃 봉오리 형상은 입체파

화가 피카소가 탄생하게 만든다.

가로수 말고 정원수도 키우자

이제 우리나라에서도 나무마다 고유한 모양이나 형태를 가진 제대로 된 정원수를 키우는 생각의 전환이 필요한 시대가 되었다. 아직도 가로수가 정원수 행세를 하고 있지만 2013년 순천국제정원박람회 개최 이후에 정원과 정원수에 대한 개념들이 새로 정립되고 있다. 개인이 만든 비밀스러운 정원을 일정 조건을 갖추면 민간정원으로 등록해 입장료를 받을 수 있는 길도 열렸고 매년 정부 주관 정원 콘테스트도 열리고 있다. 창의성의 곳간인 정원에는 식물들을 자세히 보고 오래 볼 수 있도록 가로수 말고 정원수를 심어야 한다.

꽃이 땅에 닿아 있는 정원수 / 별 목련 품종

천리포수목원

숲을 닮은
정원을 만들자

공원은 가짜 숲

 공원은 '공공의 정원'의 줄임말로서 많은 사람이 이용하는 녹지공간이기 때문에 개인 정원보다 더 생태적으로 잘 만들어야 하는데 사정은 그렇지 못하다. 사람들은 종종 그들만의 시각과 감성으로 '공공의 정원'이라고 불리는 공원을 만들어 놓고서는 숲으로 착각한다. 또 어떤 사람들은 돈을 많이 투자했기 때문에 공원이 숲보다 더 좋다고 잘못 알고 있다. 세계적으로 자연생태계에 가까운 공원으로 잘 알려진 미국 뉴욕시의 센트럴파크도 이름에서 알 수 있듯이 공원이지 진짜 숲은 아니다. 가로 4km, 세로 1km의 규모를 가진 공원일 뿐이다. 하지만 센트럴파크는 만들어 진지 150년이 나 된 긴 역사를 간직하면서 진짜 숲에 가까운 공원으로 정평이 나 있다.
 우리나라에서는 아파트를 지으면서 산을 깎아 지하 주차장을 설치하고 지상을 공원으로 만들어 높은 가격에 분양하고 있다. 입주자들은 아파트가 들어서기 전에 숲이 어떤 역할을 했는지 숲이 얼마나 소중한지는 모른 채 눈 앞에 펼쳐진 가짜 숲인 공원에 만족하고 살아간다. 가짜 숲을 만드는데 왜 그리 많은 돈을 투자했고 분양가는 왜 그리 올라갔는지 진실을 알지 못한 채 아파트단지 내 공원을 산책하거나 소풍을 즐기면서 녹지공간이 선사하는 혜택에 고마움을 느낀다.

숲속 생태공동체의 사계절 이야기

생태학자들에 의하면 숲속 생태공동체의 종류와 활동이 약 400가지가 넘는데 신기하게도 역할과 기능이 정말 유기적이라고 한다.

숲은 나무와 풀은 물론 고사리 등의 양치류, 지의류도 종자 발아에서부터 성장, 수정과 번식, 결실을 돕는다. 나무와 풀의 종자는 야생동물과 곤충, 그리고 토양 미생물의 의식주 해결해주는가 하면 이들이 먹은 종자를 배설물과 함께 퍼뜨려서 숲에 새로운 생명이 번식하도록 만든다. 숲속 생명체가 무더위와 추위로부터 손해를 입지 않도록 보호하기 위하여 미기후를 만들어 온도를 조절한다. 죽은 나무를 분해하는 미생물도 숲의 구성원이다. 숲은 천연 에어컨이며, 빗물을 정화하여 숲속 생명체가 먹을 수 있도록 하는 천연 정수장이자 지하수 공급원이다.

숲은 천연 종합병원이다. 숲에 피해를 주는 벌레의 숫자를 줄이기 위해서 새들을 불러들여 낮과 밤을 나누어서 지키게 하고 딱따구리를 통해서 나무의 몸통 깊숙이 숨어 있는 벌레를 잡아먹게 한다. 식물마다 가지고 있는 자기방어 물질인 피톤치드를 뿜도록 해서 해충과 병균을 막아내어 건강한 숲 생태계를 만든다. 최근에 항암 치료를 위해서 숲을 찾는 사람들이 늘어나고 있다. 숲을 가까이하면 음이온과 피톤치드에 노출되어 우리의 몸이 좋아진다는 메시지이다. 숲은 비를 만드는 곳이다. 숲에 사는 생명체를 위해서 산꼭대기의 나무를 시켜 안개와 구름을 모으게 하고 비를 내리게 한다.

숲은 천연 화학공장으로 햇볕과 이산화탄소, 그리고 물만 있으면 자동으로 작동한다. 해가 있는 낮 동안 나무와 풀처럼 엽록소를 가진 식물의 잎에 있는 광합성 화학공장이 돌아가면서 이산화탄소와 물을 흡수하고 부산물로 산소와 포도당을 만들어 낸다. 밤에는 낮 동안 만들어진 양분을 뿌리로, 열매로 축적하도록 해서 숲의 건강성을 키우고 종족 번식을 돕는다.

숲은 땅속 분해자인 지렁이를 기르고 이를 먹이로 살아가는 두더지는 땅굴을 파면서 먹을 것을 찾는다. 이 땅굴은 공기와 영양분이 녹아 있는 빗물이 땅속 깊이 스며들어 식물의 뿌리에 전달되는 통로 역할을 해 숲을 건강하게 만든다. 숲에 비료가 부족해지면 뿌리혹박테리아를 가진 콩과 식물을 곳곳에 자라게 해서 공기 중의 질소 성분을 뿌리에 고정하여 숲속의 식물들이 양분 결핍 없이 살아가도록 한다.

숲은 천연시계를 가지고 있다. 부족한 숲속 햇볕을 골고루 나누기 위해서 이른 봄에는 키 큰 나무들이 잎을 내기 전에 복수초, 얼레지, 현호색과 같은 키 낮은 초본식물 들이 눈 속에서도 먼저 꽃을 피우고 종자를 맺도록 한다. 이른 봄 큰 나무들의 잎이 나기 전 꽃을 피운 얼레지는 무더운 여름철에 잎이 누렇게 변화하면서 여름잠에 들어간다. 사실상 한해의 일생을 마친 셈이다. 이때 자신의 열매가 땅속 깊은 곳에 들어가 멧돼지들에게 먹히지 않도록 개미에게 역할을 부탁한다. 열매에 엘라이오좀(elaiosom)이라는 단맛이 나는 성분을 이용해서 개미들을 유인하는데 개미들은 얼레지 열매를 겨울 양식으로 착각하고 땅속 깊은 곳에 넣어 둔다. 이듬해 봄 얼레지 종자는 멧돼지들이 쉽게 파먹지 못하는 땅속 깊은 곳에서 새싹을 틔운다. 정말 얼레지의 지혜가 경이롭다고 하겠다. 다음으로는 진달래, 미선나무, 히어리 같은 키 작은 나무들이 꽃을 피우게 하고 두릅나무, 음나무, 산마늘과 같은 산채를 싹틔운다.

여름철에는 햇볕을 좋아하는 나무들이 꽃을 피우게 한다. 특히, 삼복더위 중 가장 덥다는 말복 무렵에 화려한 꽃을 피우는 두릅나무는 꽃이 이색적이다. 그 꽃을 보면 이 나무가 꽃샘추위가 남아 있는 이른 봄에 제일 먼저 새싹을 틔우는 저력이 어디에서 나오는지를 알 수 있다. 꽃 모양이 한겨울 함박눈의 결정체를 닮아서 놀랍다. 폭 1m짜리 대형 눈 결정체 모양은 그 자체가 장관이다. 꽃의 색깔은 상아색을 띠는 데 매혹적이다. 얼레지, 곰취, 산마늘과 같은 초본식물 들은 여름철이면 더위를 못 견디고 여름잠에 들어가는데 두릅나무는 이듬해 봄을 기다리면서 삼복더위의 여름 햇살을 오롯이 받아낸다.

가을이 되면 숲은 화학공장이 만드는 미술관이 된다. 안토시아닌과 크산토필 등 색소를 총동원해 숲속의 식물들을 알록달록하게 물들인다. 숲은 1년 동안 숲 시간표를 따라서 잘 자라준 숲속 생명체들에게 단풍의 풍요로움과 먹음직스러운 열매를 먹이로 선물한다. 이번 가을에도 욕심 많은 다람쥐 녀석은 상수리나무와 굴참나무가 많은 군락지에서 도토리를 물어다 겨울 양식으로 땅속 깊은 곳에 묻어 둘 것이다. 다람쥐가 끝내 찾지 못한 곳간에서 살아남은 종자들은 다람쥐 덕분에 겨울을 무사히 넘기고 이듬해 봄에 충실한 참나무 새싹으로 자라나 숲의 후계목으로 자라날 것이다.

겨울이 되면 눈을 불러들여 숲속 생명체들을 산불로부터 지키도록 하고 이불이 되어서 보온역할도 하게 한다. 여름철에 제 혼자 살아보겠다고 주변 나무의 어려움을 무시하고 제 몸집만 불린 소나무 가지에는 물기가 많은 눈으로 가지가 부러지게 하거나 줄기를 꺾어 버리기도 한다. 그래서 눈이 많은 강원도에서 자라는 소나무들은 눈 피해로부터 살아남기 위해서 곧게 자라게 된 것이다. 줄기가 꺾인 나무는 아픔이 있겠지만 소나무가 사라진 자리 아래에는 얼레지와 복수초와 같은 다양한 생명체들의 햇볕 다툼이 벌어질 것이다. 숲은 겨울에도 생명체들을 지키는 데 여념이 없다. 이렇게 숲속 생명체와 토양과 물, 공기와 햇볕까지 완벽하게 맞물려 돌아가는 것이 숲이다. 다양한 식물과 동물, 곤충, 미생물, 생산자와 소비자, 그리고 분해자까지 복잡하게 얽혀있다. 그래서 숲은 생물과 유기물의 400종류 생태공동체다.

사람의 욕심으로 채워진 공원

공원에는 사람들이 좋아하는 나무만 심는다. 나무 종류의 선택은 공원 이용객들이 하는 것이 아니라 조경하는 사람들이 좋아하는 나무로 말이다. 즉, 조경수로 심은 나무는 잘 죽지 않아야 한다는 것이다. 그래야 잘 된 공사이고 잘 만들어진 공원이다. 그래서 서울시의 공원이든 부산시의 공원이든 우리나라 공원에서 자라는 수종이 비슷하다.

우리 동네 공원에는 꽃의 향기가 좋아 벌이 좋아하고 가을이면 토실토실 알밤도 달리는 밤나무나, 겨울이면 빨간색 홍시가 아름다운 감나무는 왜 보이지 않는 것일까? 공원에는 숲에서 만날 수 있는 햇볕을 쟁취하기 위한 긴장감이 없다. 공원에 심어진 복수초는 숲속에 있는 그것과 이름은 같지만 짧은 기간에 주위의 큰 나무들보다 먼저 햇빛을 차지하고 벌을 불러들여 꽃가루받이하고 열매를 맺어야 한다는 긴박감 말이다. 공원의 복수초는 사람들이 정해준 자리에서 살아가다 보니 주변 나무의 눈치를 볼 필요가 없다. 공원은 생태적이지 못하다. 그래서 공원의 생명체는 40가지 공동체라고 본다. 40이라는 숫자는 숲의 10분의 1이라는 뜻이다.

사람들이 도시를 만들면서 계획도시 건설이라는 이유로 멀쩡한 숲을 깎아 그 속에서 자라는 생명체를 없앤 다음에는 전혀 생태적이지도 친환경적이지도 않은 공원을 만든다. 추운 강원도에서 자라는 금강소나무를 사람들 마음대로 남부지방에 옮겨와서는, "이곳이 너의 새로운 보금자리이니 잘 살아라. 추운 곳을 좋아하는 복수초도 옆에 심어 놓았으니 친구 삼아서 잘 자라다오. 다만 이곳의 여름은 도시열섬 현상으로 매우 더울 것이고 자동차들이 24시간 씽씽 달려 좀 시끄러울 것이야. 아쉽게도 네가 태어나서 지금까지 매년 봐오던 겨울눈은 몇 년에 한 번 볼 수도 있을 거야. 여기는 대한민국에서도 거의 눈이 내리지 않기로 유명한 부산시 한복판이거든. 그래도 정붙이고 살아주길 바란다. 특히 2년 안에는 절대 죽으면 안 된단다. 그래야 하자보수를 안 하거든."

숲을 닮은 정원을 만들자

앞으로 도시계획은 도심에 있는 산과 숲을 최대한 남겨 두고서 상생하는 방향으로 생각의 틀이 바뀌어야 할 것이다. 그래야 숲속의 도시, 도시 속의 숲이 될 것이다. 최근의 조경산업은 나무, 초화류와 같은 식물을 많이 식재하기보다는 시설물을 과도하게 배치하는 경우를 종종 보게 된다. 나무가 크게 자라 숲이 되면 그 아래에 평상이나 쉼터를 설치할 수도 있을 텐데 지금 심는 나무가 살지 죽을지도 모르는 상황에서 산책로나 벤치를 과도하게 설치하는 것은 문제가 있다고 본다.

도심 속에서 나무가 가득한 공원을 멀리서 바라만 보아도 힐링과 치유가 될 것인데 좁디좁은 녹지공간에 기어이 관찰로를 내어야 하는가? 공원은 죽었다 깨어나도 숲이 될 수는 없지만 수백 년을 지나면 숲에 가깝게 될지는 모르겠다. 신라 시대 최치원 선생이 만들었다는 함양 상림처럼 말이다. 지금부터라도 공원을 만들 때 숲을 닮은 정원을 만들어야 할 것이다.

숲을 닮은 수목원

천리포수목원

전통 정원의 차경,
현대정원을 살리다.

민간정원을 찾아서

'아름다운 정원 100선'을 발굴하기 위해 많은 개인 정원과 정원가들을 만났다. 정원 조성이 어렵지 않았냐는 물음에 하나 같이 "식물을 좋아해 정원에 대한 기초자료나 가이드북 하나 없이 맨땅에서 시작하다 보니 수많은 식물을 죽이고 돈도 많이 허비하는 시행착오를 겪으면서 지금에 이르렀다. 정원식물 정보는 관련 잡지나 동호회 활동을 통해 얻거나 분양을 받아 심는데 외국산이 많고 식물의 특징을 잘 몰라서 어려움이 많았다."라면서 고생담을 늘어놓았다. 한편으로 개인정원가들이 우리나라 전통 정원과 현대정원의 조성기법에 대한 고찰보다는 자기만족을 위해 그냥 아름답기만 한 정원을 가꾸고 있다는 느낌을 받았다.

 우리 실정에 맞는 정원식물 특징과 배치 방법 등이 수록된 가이드북이 많이 만들어져야 하겠다고 느꼈다. 현재 시중에 나와 있는 정원조성 가이드북은 유럽, 일본에서 온 서적들이 대부분이다. 필자는 우선적으로 유럽식 화려함을 강조하는 현대정원에 우리의 전통 정원 경관 처리방식인 차경기법(주위 풍경을 자연스럽게 정원의 한 구성요소로 끌어들이는 정원 기법)을 사용한다면 질리지 않고 심미감을 간직한 아름다운 정원을 만들 수 있다고 확신하면서 우리 전통 정원의 여백과 차경이 현대정원에 필요한 이유를 소개하고자 한다.

현대정원의 역할

2013년 순천만국제정원박람회는 우리나라 정원문화산업 역사에 기념비적인 행사였다. 당시 급물살을 탔던 정원문화산업 확산에 대한 기대가 사회 전반으로 퍼져나가면서 10년에 가까운 세월이 지난 지금 우리 생활을 많이 바꾸어 놓았다. 정원이 다양한 6차산업 형태로 새로운 역사를 써 내려가고 있다는 점이다. 최근에는 민간정원과 종교단체의 정원, 카페 정원이 지역을 대표하는 관광지로 주목받고 있다. 산청군에 있는 수선사 정원은 깨끗한 이미지와 연꽃 원이 아름다워서 한국관광공사에서 추천하는 비대면 100대 관광지로 선정되었다. 이 정원은 코로나19로 지친 사람들의 심신 치유는 물론 농촌지역의 중요한 관광자원으로 자리매김하고 있다. 또한 경상남도 민간정원 1호인 남해 섬이 정원은 지난해 유로 관람객이 6만 명 넘게 찾으면서 새로운 관광명소가 되었다. 하동군의 어떤 개인 정원은 정원에서 자라는 식물의 꽃으로 꽃차를 만드는 교육프로그램도 운영하며 꽃차도 판매하고 있다. 정원이 생산과 교육, 치유와 힐링 여행지 등 6차산업으로 거듭나고 있다.

우리나라 정원의 역사와 전통 조성기법

우리나라에서 최초로 개인 정원을 경영한 사람은 통일신라 시대의 최치원으로 알려져 있는데 삼국사기에 그 기록이 남아 있다. 이후 고려 시대에는 중앙 정계에 진출했던 신흥 사대부들이 향리에 '별서'라는 개인 정원을 조성하여 생활을 즐겼다. 조선 시대에는 15세기를 전후하여 사림파의 등장과 함께 전국 곳곳에 수많은 별서라는 개인 정원들이 생겨났다. 성리학이 발전하면서 선비 문화가 융성하고 사화와 정쟁을 피해 은일(隱逸-세상을 피해 숨음) 사상이 성행하던 시대적 배경에 기인하였다고 한다. 현재 남아 있는 조선 시대 3대 민간정원으로는 섬 속의 낙원으로 불리는 윤선도의 보길도 부용동 원림과 완벽한 공간 구성을 엿볼 수 있는 양산보의 담양 소쇄원 원림, 그리고 상서로운 돌의 정원으로 불리는 정영방의 영양 서석지가 있다.

조성기법을 살펴보면 이 시기에 등장한 정원문화의 특징은 화계(계단식 화단), 방지원도(둥근 섬이 가운데 있는 네모난 연못), 자연 계류를 이용하여 경관을 연출하는 수경 기법, 주변의 경관을 빌려오는 차경기법 등이 나타난다. 또 우리 정원에는 허, 원경, 취경, 다경, 읍경, 환경 등의 다섯 가지 경관 처리 기법이 있다. 비어 있는 누각이나 정자에서[허], 멀리 있는 경치를 조망하고[원경], 주변 경관을 누정에 모으고[취경], 먼 곳의 다양한 경관을 누정으로 모으거나 누정에서 다양한 경관을 보거나[다경], 누정 속으로 자연경관을 끌어들이고[읍경], 누정 주위에 자연경관이 병풍처럼 둘러 있게 한다[환경]. (자료출처 : 한국정원 기행. 김종길 저)

현대정원을 돋보이게 하는 10가지 식재 기법

요즘 세계적으로 잘 나가는 정원디자이너를 뽑으라고 하면 네덜란드 출신의 '피에트 우돌프'라고 말한다. 2018년도에 이 정원가를 소재로 하는 다큐먼터리 영화인 '피에트 우돌프의 정원, 다섯 번의 계절'이 상영되면서 세계적인 정원디자이너로 손꼽힌다. 피에르 우돌프는 정원을 돋보이게 하는 10가지 식재 기법을 소개하면서 새로운 시각으로 정원을 바라봐야 한다고 말한다. 그는 현대의 정원은 정원의 형식과 엄격함 대신에 자유분방하게 어우러진 경계와 야생화가 만발한 초원을 포용하는 자연주의적 스타일을 제시한다. 실제로 영국, 독일 등 유럽의 많은 나라가 자연주의적 정원을 가꾸고 있다. 우돌프는 정원을 디자인하는 다양한 요소 중 정원이 기본이면서 주인공인 식물의 식재를 매우 중요하게 본다. 또 한 많은 조경디자이너가 설치물이나 구조에 관심이 있지만, 그는 무엇보다 식물에 대해 더 많은 공부와 경험을 해야 한다고 강조한다.

유럽과 우리나라는 여건이 달라서 피에트 우돌프의 10가지 식재 기법을 그대로 따르기에는 한계가 있을 수 있지만, 정원디자이너가 갖추어야 할 기본적인 개념으로 받아들였으면 좋겠다. 이제 세계적인 정원디자이너가 말하는 10가지 식재 기법을 소개한다.

1. 사계절 정원을 만들어라
꽃보다 식물의 형태와 질감이 더 중요하고 봄, 여름, 가을뿐 아니라 겨울 정원까지 염두에 둬야 한다. 서리가 내려도 형태가 남아 있어 겨우내내 꼿꼿한 형태로 남아 있는 식물을 선택하면 좋다.

2. 안개가 낀 듯한 경관을 연출하라
살랑살랑 한 들 그리는 그라스는 묘한 분위기를 연출한다. 키 크고 볼륨감 있는 그라스로 자유분방하게 어우러진 경계와 야생화가 만발한 초원의 경관을 연출하자. 우리나라에 핑크뮬리 붐이 불고 있는 이유가 여기에 있다.

3. 한 가지 주제를 반복해서 사용하라

일정한 간격을 두고 동일한 식물을 반복해서 사용하면 운율과 변화감, 리듬감이 생긴다. 동시에 한 장소에 일체감을 부여해 이들이 하나처럼 보이게 한다.

4. 70%의 규칙을 따르라

우돌프는 숙근초를 두 가지로 분류한다. 가을까지 관상미를 유지하는 골격이 되는 중점식물과 여름이 지나면 형체가 사라지는 보조 식물 이다. 중점식물은 개화 시기를 구분하여 한꺼번에 피어나는 것이 아닌 순차적으로 피어날 수 있도록 하는 것이 중요하다. 꽃을 주제인 정원의 경우 사계절 내내 다양하게 꽃을 피워 계절감을 연출할 수 있도록 해야 한다. 정원의 70%를 골격이 되는 식물로 채우고 나머지 30%를 보조 식물로 채운다.

5. 바탕 식물로 중점식물을 보조하라

식물과 식물은 서로 얽히고 얽혀있다. 좋은 화단에서는 반드시 좋은 식물이 필요하다. 좋은 식물들은 시각적으로 안정되고 부드러운 색상을 지니고 도드라진 형태를 가지고 있지 않으면서 바탕 구조 안에서 계절에 따라 서로 다른 시기에 매력적인 꽃을 피우는 바탕이 되는 식물들이다. 바탕 식물은 중점식물(예. 수국)이 정원의 큰 형태가 무너지지 않고 유지될 수 있도록 도와주는 역할을 한다. 때문에 바탕 식물군을 선정할 땐 사계절 내내 푸른 식물이나, 수형이 부드러운 갈대와 수크령 같은 그리스 종류를 많이 사용한다.

6. 자생식물들을 다양하게 활용하라

생물종다양성을 높일 수 있는 자생종의 가치를 중요하게 생각하되 특히 사계절이 뚜렷한 우리나라에서는 월동(예. 내한성 지수를 활용하기)이 가능한 식물인지를 잘 파악해야 한다. 그 지역의 환경에 맞게 자란 자생식물은 정원에서 오랜 생명력을 가지고 정원을 빛내 준다.

7. 높이(층위)를 고려한 식재를 하라

우돌프는 여러 식물이 군집 속에서 수직적인 높이를 형성하는 자연경관에서 디자인 영감을 받는다고 한다. 교목은 여러 높이 중 가운데 하나이고 그라스 또한 다른 높이를 형성한다. 초화류와 지피류는 낮은 높이로 배경을 형성한다. 그는 각 프로젝트나 아이디어, 컨셉마다 식물을 다르게 쓴다. 어떨 때는 키가 큰 식물, 어떨 때는 작은 식물 등 다양한 종류의 식물을 높낮이를 고려한 식재를 한다.

8. 조망의 틀을 구성하라

배경에 속하는 주변의 나무와 먼 거리에 있는 산을 경관의 특성으로 잘 활용하고 정원의 식물을 이들보다 낮은 높이로 유지한다면 전경 또한 하나의 배경이 된다. 수평선상에서 정원의 경계를 만들어 주는 프레임 구조를 활용한다.

9. 경계를 흐릿하게 하라

식물들이 서로 한데 섞이도록 하여 공간의 깊이감과 신비감을 만들어 내라. 서로 다른 식물들이 공간 속에서 뚜렷하게 구분되게 하지 말고 식물들이 스스로 씨앗을 퍼뜨려 자생할 수 있도록 하라.

10. 갈색을 사랑하는 법을 익혀라

정원의 식물도 인생처럼 생명의 순환이고 그 단계는 모두가 아름답다. "생명을 다해 잎이 떨어지거나 갈색으로 변하는 모든 것을 사랑하는 법을 배우길 바란다"라고 우돌프는 말한다.

〈자료출처 월간 가드닝 3월호〉

우리의 전통 정원과 현대정원의 기법을 접목하라

 우리나라의 전통 정원은 소위 권력을 가진 사람들의 정원이었다. 지금처럼 개인정원가들이 본인의 가치관으로 조성하고 있는 우리의 현대정원의 역사는 오랜 전통을 가진 유럽국가와 비교하면 걸음마 수준이라고 할 수 있다. 아니 갓 태어났다고 봐야 한다. 우리가 보릿고개 시절을 보내고 있을 때 유럽에서는 정원 조성 활동이 활발했다. 새롭게 육종된 정원식물을 전 세계 정원가들에게 처음 소개하는 첼시플라워쇼가 120년이라는 역사를 가진 것을 보면 유럽 사람들이 얼마나 오래전부터 정원에 큰 관심을 두었는가를 알 수 있다. 네덜란드는 장미, 튤립 등 정원식물 육종 분야에서 전 세계적인 기술력을 축적하고 이를 국가의 중요한 먹거리 산업으로 발전시켰다. 유럽의 선진국들은 수백 년 동안에 걸친 시행착오와 정원관리 노하우가 세대를 거쳐 후손에게 전해지고 있다. 당연히 다양한 식물이 육종되어 산업화가 이루어지고, 수많은 관련 서적과 노벨상 수상자가 쏟아지며, 세계적인 정원 가가 탄생하고 있다.

 후발주자인 우리나라 개인정원가들이 한국정원에 대한 가치관과 정원관 등 정체성을 찾기도 전에 유럽 정원의 화려함에만 취해버린 것이 아닌가 싶다. 현대정원에서 사계절을 화려한 꽃으로만 채우기에 여념이 없는 개인정원가들을 볼 때면 정원을 가꾸는 한 사람으로 안타까운 마음이 든다. 정원이 갖는 심미적 요소 중에 주변 환경도 함께 볼 수 있도록 폭넓은 정원 기법 수용이 필요하다는 말이다. 우리의 전통 정원 기법에서 볼 수 있는 '차경' 기법을 이용한다면 보다 멋진 정원이 될 수 있다. 앞에서 소개한 우돌프의 정원 기법에서도 '조망의 틀을 구성하라' 라는 내용이 나온다. 내가 만든 화려한 정원에 울타리 대신 하늘과 바다, 일출과 노을, 물안개와 구름, 신록과 단풍 등 주변 경관이 병풍처럼 둘러 있게(환경기법) 한다면 지구상에 하나뿐인 당신만의 정원이 될 수 있을 것이다.

    최근에 외국 정원가들이 우리나라 정원에 많은 관심을 가진다고 한다. 세계적으로 동아시아를 대표하는 정원이라면 당연하게 중국과 일본정원이 소개되었다. 한국정원은 보이지 않았다. 일본은 막대한 자금력으로 전 세계 많은 나라에 일본정원을 지어 주었다. 우리나라 사람들이 많아 찾는 캐나다 부챠드가든에도 일본정원이 있다. 하지만 곧 우리 정원이 전 세계 사람들에게 K-정원이라는 브랜드로 알려지게 될 것이다. 한국정원 기행을 쓴 저자의 말을 빌려 한국, 중국, 일본정원의 특징에 대한 설명을 들어보면 그 이유를 알 수 있다. "일본정원은 첫눈에 반하나 금세 질리게 되고, 한국정원은 처음에는 서먹하나 점점 은은한 매력에 빠져들게 되고, 중국정원은 첫인상은 서글서글한데 왠지 마음 주기가 쉽지 않다." 또 "중국의 정원은 인공으로 자연을 만들고, 일본은 집 안으로 자연을 끌어들이고, 한국정원은 자연 속으로 들어간다"라고 했다. 미래의 정원은 더욱더 자연주의적 요소가 더해질 것인데 한국정원이 거기에 꼭 맞는 해답이 될 것이다.

    현재 우리는 정원의 시대를 살아가고 있다. 누군가 당신이 가꾸는 정원은 어떤 정체성을 가지고 있습니까? 라는 물음에 이 글이 작은 떨림이 되어서 "나의 정원은 우리의 전통 정원 정신을 기반으로 현대정원을 품어 아름답기 그지없는 격조를 가지고 있다"라고 말할 수 있는 울림으로 다가왔으면 좋겠다.

입목축적과
노벨문학상

임업 선진국의 의미

세계적인 기업 마이크로소프트사가 직원들의 아이디어를 얻기 위해 숲 속에 나무집 사무실을 지었다고 하는 기사 내용이다.

> 최근에 '세계 최고의 직장, 2위 MS, 나무집 짓다'라는 제목의 신문 기사에서 마이크로소프트 관계자는 "자연 속에 있는 것이 창의성, 집중력, 행복감을 높여준다는 여러 연구에 따라 직원들을 위한 나무집을 만들었다"라고 말했다.

세계적인 선진국과 나무는 무슨 관계가 있을까? 선진국에서 나무를 많이 심거나 혹은 사용한다는 것일까? 오늘날 전 세계 10대 선진국의 공통점을 살펴보면 제일 먼저 높은 국민소득과 복지혜택, 인터넷 보급율 등 다양한 지표들을 들 수 있을 것이다. 필자가 느끼는 선진국의 큰 특징은 높은 입목축적-단위면적에서 자라고 있는 나무의 부피-을 가지고 있다는 점이다. 스위스, 독일, 미국, 일본, 캐나다 등 주요 선진국의 입목축적은 평균 250㎥가 넘는데 이 나라들은 임업 선진국으로 불린다.

2018년 현재 우리나라의 ha당 평균 입목축적은 146m³ 정도이며 5년마다 발표된다. 선진국의 60% 수준인데 우연의 일치인지는 모르겠지만 우리나라는 수년째 국민소득 2만 불 시대에 머물러 있고 노벨상 수상자도 나오지 않고 있다. 임업 선진국에는 예산이 많아서 숲을 잘 가꿀 수도 있겠지만 감수성이 예민한 아이들에게 창의성의 곳간인 숲을 제대로 배우도록 해서 창의적인 인재로 키우는 장소로 활용하고 있음을 알아야 한다. 단순히 숫자로 나타나는 입목축적 수치가 중요한 것이 아니다.

우리나라는 헐벗은 국토를 푸르게 만들어 세계적으로 인정 받았지만, 이 숲을 자원화하고 창조적인 곳에 활용하는 일에는 너무 소홀하다. 그 이유는 우리의 국민 정서가 나무가 자라는 것을 꺼리기 때문이라고 본다. 산에 나무가 많고 크게 자라는 것을 마냥 고마워해야 당연한데 현실은 그렇지 못하다. 부존자원이 없는 우리나라에서 캐나다처럼 나무를 수출해서 먹고살 수도 있고 매년 수입해오는 목재를 국내산 목재로 대체하면 외화 절약은 물론이고 다양한 일자리 창출 등 남는 장사 일 것이다.

캐나다는 2019년 현재 세계 10대 경제 대국이며 세계 1위의 임업 선진국으로 손꼽히고 있는데 주요 산업은 목재산업과 관광산업이다. 주요 수출품은 원목과 펄프, 메이플 시럽 등인데 우리가 한번 쓰고 종이컵의 원료인 고급펄프는 대부분 캐나다에서 공급된다. 우리나라는 세계에서 다섯 번째로 캐나다산 펄프를 수입하는 국가다. 우리는 종이컵을 통해 매일 캐나다 사람들에게 풍족한 삶을 누릴 수 있도록 돈을 지불하고 있는 셈이다.

캐나다는 현재 자라고 있는 나무만 벌채해도 앞으로 200년 동안 현재의 국민소득 4만 달러를 유지하면서 먹고 살 수 있다고 한다. 캐나다 사람들이 국기에 설탕 단풍나무 잎을 새긴 이유가 짐작이 가고도 남는다. 임업에 종사하는 한 사람으로서 캐나다의 산림정책과 풍부한 목재 자원은 정말 부럽다.

창의성과 꿈이 사라지다

　최근에 우리는 지식사회의 미래를 목격했다. 천재 바둑기사로 불리는 이세돌 구단이 알파고라는 컴퓨터와 벌인 바둑 대결에서 패했다. 미래사회에서는 지식은 알파고와 같은 컴퓨터가 맡고 인간은 컴퓨터가 쉽게 따라올 수 없는 감성지수를 풍부하게 가져야 성공할 것이라고 한다. 가까운 미래에 제일 먼저 사라질 직업으로 변호사와 회계사를 꼽는다. 이미 미국에서는 의사, 변호사, 회계사를 알파고와 함께 일하도록 하고 있다.
　우리나라 어느 초등학생이 장래 희망란에 부동산 임대업이라고 쓴 것을 본 적이 있다. 현재 미국의 대통령도 부동산 재벌로 대통령까지 되었으니 초등학생의 눈에는 부동산 임대업이 근사한 직업으로 보일 것이다. 그 학생은 트럼프 미국 대통령처럼 되겠다는 뜻에서 장래 희망을 부동산 임대업으로 적었기를 바란다. 하지만 나중에 나이가 들어 부모의 재산을 물려받거나 자수성가해서 부동산 임대업을 직업으로 가질망정 초등학생들은 과학자나 환경전문가가 되어서 환경오염으로부터 지구를 구하겠다는 보다 큰 미래를 꿈꿔주어도 좋겠다. 외국에서는 초등학교 때부터 직업에 대한 필요성을 교육해서 건강한 사회인이 될 수 있도록 국가 차원에서 나서고 있다.
　교육은 100년 앞을 내다보는 국가의 미래전략을 담고 있어야 하는데 최근에는 세상사에서 돈이 우선되다 보니 꿈 많은 어린이조차도 우리나라를 대표하겠다는 꿈 대신 나 혼자 잘살아 보겠다는 생각이 있는 것 같아 아쉽다. 외국에서는 자선사업가가 칭송을 받는데 우리 주변의 현실은 그렇지 못하다. 자선사업에 인색한데 이유가 어린 시절 타인을 배려하는 교육을 제대로 받지 못해서 그런 것은 아닐까 하는 생각이 든다.

우리는 어린 시절부터 교육 현장에서 남을 이겨야 내가 살아남는다는 서바이벌 게임을 훈련받다 보니 남보다는 내가 우선이다. 그래서 우리는 협업, 바꿔 말하면 동업이 잘되지 않는다. 현대사회처럼 경제 환경이 급속히 바뀌는 시대에는 협업이 반드시 필요한데 말이다. 그래서인지 동업 형태로 어우러지는 외국기업에 비해 우리나라에서는 유독 1인 경영인 체제로 운영되는 기업이 많다. 외국인 투자자들은 우리나라의 1인 체제의 기업경영은 투명성을 높이고 사업투자 방향을 결정하는데 취약한 구조를 가지고 있다고 판단하고 투자를 미루는 경우가 많다고 한다.

입목축적과 노벨문학상

우리나라는 6. 25전쟁의 잿더미에서 단기간에 세계 12위권의 경제성장을 이루어 낸 저력을 가진 나라이지만 매년 가을만 되면 한없이 작아지는 나라이기도 하다. 그 이유는 매년 가을에 노벨상 대상자를 발표하기 때문이다. 우리나라는 노벨상 6개 부분 중 2000년에 고 김대중 대통령이 받은 평화상 1개가 전부이다. 2016년 현재 국가별 노벨상 수상 실적은 미국이 325개로 부동의 1위를 차지하고 있고 어느 부문이든 우리나라와 비교 대상인 일본은 24개의 노벨상을 받았다.

필자가 눈여겨보는 것은 노벨문학상인데 숲과 나무가 사람들의 감성과 예술성을 일깨우고 이것이 문학작품으로 탄생한다는 점을 발견하고자 했기 때문이다. 물론 국가별 문학의 기본적인 토양은 숲이나 나무가 아니라도 자연환경, 사회현상 등 그 요인들에 많이 좌우된다. 하지만 노벨문학상을 많이 받은 국가별 순위에서 1위 미국, 2위 영국, 3위 독일, 4위 프랑스, 5위 캐나다 등 10위권 내 국가들의 내면을 살펴보니 입목축적이 우리나라보다 높은 임업 선진국이라는 공통점을 발견할 수 있었다.

우리나라에서도 노벨문학상 수상자가 나오기 위해서는 우리 숲의 평균 입목축적이 적어도 선진국 수준인 250㎥는 넘어가야 할 것으로 본다. 최근에 많은 사람이 숲을 찾고 있고 무엇보다도 어린아이들이 숲 유치원이나 자연학습을 위해서 숲에서 보내는 시간이 많아지고 있다. 현재 걸음마 수준의 숲 체험교육이 시간이 흘러 우리나라의 입목 축척이 250㎥가 넘어갈 때는 독일의 아이들처럼 숲이라는 선생님에게서 기다림과 배려심, 모험심, 관찰력, 협동심, 예술성, 감수성 등을 배워서 창의성이 높은 사회인으로 자라날 것이 분명해 보인다.

입목축적을 선진국 수준으로 끌어올리기 위해서는 숲 가꾸기 시기를 놓치지 말아야 하는데 현재 우리의 숲은 적정 시기를 한 참 놓치고 있어 큰 문제다. 이대로 몇 년이 흘러 숲이 방치되면 나무는 자람을 멈추면서 아래 사진과 같이 나무는 쓸모없어지고 숲은 쇠퇴하게 된다. 이는 개인 산주의 자산이 사라지는 것은 물론 국가적인 손실을 가져오게 될 것이다.

푸른 숲의 두 얼굴 – 숲 가꾸기 시기를 놓쳐 자람을 멈춘 편백림

입목축적이
감소하는 적신호

입목축적은 임업 선진국의 지표

 입목축적은 곧 임업 선진국의 지표가 된다고 설명했다. 우리나라의 산림은 일제의 목재 수탈과 한국전쟁 때의 소실 그리고 1950년대 수출용 목탄 생산을 위한 벌채로 사라졌다. 여기에 음식 조리와 난방용 땔감을 산림에서 해결해야 했기 때문에 당시 우리나라 산은 거의 민둥산이 되었다. 입목축적을 측정하기 어려운 상태였다.

 1970년대부터 정부의 본격적인 사방사업으로 산지가 안정되고 조림이 이루어지면서 산이 다시 푸르러졌다. 주택용 난방 원료가 땔감에서 연탄, 석유로 옮겨지면서 우리나라 산림의 입목축적이 급속하게 높아지고 있다. 문제는 장령림-나무가 왕성하게 생장하고 있는 장령기의 숲-에 대한 숲 가꾸기가 제대로 이루어지지 않아 베어다 쓸 나무는 별로 없는데 수치상으로만 높아지고 있다는 점이다.

 최근 웰빙 열풍으로 산림휴양문화가 생겨나면서 50년 전 민둥산에 심었던 나무가 자라 숲이 된 곳이 휴양림으로 조성되고 있다. 또 목재로 사용할 나이인 벌기령에 도달하면서 베어다 주택용 목재, 방부목재와 같은

1차 생산품을 만들고, 합판과 종이와 같은 2차 생산품도 생산하면서 국산 목재의 자급률도 덩달아 높아지고 있다. 매년 꾸준하게 입목축적도 높아지고 있어 아무런 문제가 없어 보인다. 하지만 겉보기와 달리 우리나라의 입목축적 증가율은 멈추거나 오히려 감소할 위기에 놓여 있다.

나무의 자람이 멈추다

입목축적 증가율이 멈추는 이유는 노령화로 나무가 더는 자라지 않는다는 것이다. 입목축적이 감소하는 것은 1년 동안 나무의 부피 자람으로 쌓인 축적 증가율보다 산불이 발생하여 소실되거나, 우박과 같은 자연재해와 산림병해충 방제를 위해 벌목되는 나무가 더 많기 때문이다. 산림의 난개발과 도로개설 등 사회기반 구축을 위한 산림훼손도 입목축적 감소에 한몫하고 있다.

나무가 자라지 않는다는 것에 대해 자세하게 알아보면 현재 우리나라 산림에서 자라고 있는 나무들은 약 50~60년 전에 조림하거나 자연 발생하여 성장한 것이 대부분이다. 나무의 자람이 왕성한 시기라고 해서 장령림으로 부르고 있는데 질 좋은 목재를 얻기 위해서는 숲 가꾸기를 통해 서로 경쟁이 되는 나무를 베어주고 꾸준하게 관리를 해야 한다. 우리나라 숲은 대부분 심은 지 50년이 넘는 장령림이다 보니 숲을 가꾸는 데 많은 국가 예산이 들어가고 있다. 특히 전체 산림면적 중 사유림이 60%를 차지하다 보니 숲을 가꾸는 데 많은 어려움이 있다. 사유림 숲 가꾸기는 산주의 동의를 얻어야 하는데 어떤 산주들은 자기 산에는 숲 가꾸기를 하지 못하도록 동의를 해주지 않거나 외면하기 때문에 제대로 관리되지 못하고 방치되는 경우가 많다. 여기에는 산림을 다른 목적으로 이용하기 위해서 개발할 때 입목축적이 높으면 허가가 나지 않는 산림정책이 한몫하고 있다. 제대로 관리하지 않는 산림은 나무가 너무 빽빽하게 자라다 보니 서로 간의 경쟁이 심해 부피 자람을 거의 하지 못한다. 결국에는 입목축적이 멈추거나 오히려 줄어드는 경우도 생긴다.

나무가 부피 자람을 거의 하지 않는 숲은 노령림이라고 하는데 이 숲은 나무가 생명 유지만 할 뿐 거의 부피 자람을 하지 않는다. 이 시기를 산림쇠퇴기라고 부른다. 앞으로 약 30~40년 후면 우리나라 산림은 대체로 노령림 시기로 접어든다. 이때는 입목축적이 현상 유지 또는 오히려 감소하게 될 전망이다. 따라서 장령림 시기에 제대로 된 숲 가꾸기를 빠르게 실시해서 선진국 수준의 입목축적을 보유하고 있어야 우리나라가 산림선진국으로 갈 수 있다.

자람이 왕성한 장령림의 나무를 잘 키우기 위해서 현재의 숲 가꾸기 방식을 과학적이면서 체계적인 방법으로 완전히 바꿔야 할 것이다. 어린나무를 많이 심어 탄소흡수량을 늘리는 것도 좋지만 산주의 소득을 높이고 국산 목재의 자급률을 높이기 위해서는 큰 나무를 더 크게 키우는 산림정책이 필요하겠다. 숲의 자산가치를 높이는 숲 가꾸기를 위한 적기(골든타임)를 놓치지 말아야 하겠다.

숲 가꾸기를 제대로 하지 않으면 산불 발생 위험이 상존하는 것은 물론 산림병해충에도 취약해진다. 우리나라는 매년 겨울철만 되면 대형 산불로 인해서 낙산사와 같은 국보급 문화재는 물론 많은 산림자원이 소실되는 일이 반복되고 있다. 안타깝게도 산불이 나면 그 숲의 입목축적은 $0m^3$가 된다. 또한 소나무재선충병은 남부지역의 아름드리 소나무를 말라 죽게 하는 무서운 산림병해충이다. 이를 방제하기 위해서 매년 베어내는 아름드리 소나무들은 입목축적을 낮추는 데 한몫을 하고 있다. 여기에 더해 지구온난화로 인한 잦은 우박 등 자연재해와 최근에 외국에서 들어온 미국선녀벌레와 같은 산림해충으로 인한 숲의 파괴도 문제가 되고 있다.

숲을 사라지게 하는 것들

 마지막으로 도시화와 산업단지 등 산업기반 조성을 위한 산림개발과 도로 건설, 골프장 등 사회 인프라 구축을 위한 산림면적 감소 역시 입목축적이 줄어들게 하고 있다. 산림을 다른 용도로 개발함에 있어서는 산림이 가지는 수많은 기능을 먼저 고려해야 할 것이다. 우리나라는 산이 많은 나라이기 때문에 산은 얼마든지 개발해도 된다는 인식을 가지고 있다. 문제는 산림의 역할은 무시되고 단지 공시지가가 낮다는 경제 논리로 산림이 난개발되고 있음을 지적하고자 한다.

 다행히 정부가 과잉생산으로 제값을 받지 못하는 쌀 생산을 줄이는 대책으로 절대농지 전용을 활성화하겠다는 정책을 발표했다. 그동안 산림이 공단조성 등의 부지를 제공하는 유일한 곳이었다면 이제는 농지와 그 역할을 나누어 맡게 될 전망이다. 임업인의 한사람으로 산에 공장을 짓는 것보다는 농지에 공장을 짓는 것이 지구환경과 산림자원의 보호 측면에서 고려해 볼 때 타당하다고 본다. 산림은 한번 사라지면 영원히 산림기능이 사라지지만 농지는 필요에 따라 다시 농지로 복원할 수 있기 때문이다.

입목축적을 높이는 산림정책이 필요하다

 미국의 세쿼이아국립공원에 있는 '셔먼 장군'이라는 이름을 가진 자이언트 세쿼이아 나무 한 그루의 축적이 약 150㎥에 달하는데 이는 우리나라 산림 1ha의 입목축적과 맞먹는다. 미국이 세계적인 강대국인 이유 중의 하나는 높은 입목축적에 있는 것이 틀림없다고 본다.

우리나라는 매년 숲 가꾸기를 하고 있지만 큰 나무를 더 크게 키워서 입목축적을 늘리면서 숲을 건강하게 만들겠다는 의지가 약해 보인다. 자기 산에 숲 가꾸기 사업을 신청한 산주도, 사업을 추진하는 관계부서도, 실제로 현장에서 사업을 맡은 업체도 의지가 약해 보이기는 마찬가지다.

유럽에 있는 오스트리아, 독일과 같은 나라에서는 나무가 1년 동안 자란 축적만큼 만 베어 건축자재로 사용하거나 목재펠릿을 만들어 난방용 에너지로 활용하면서 석유 수입으로 인한 국부의 해외 유출을 최대한 줄이는 노력을 계속하고 있다. 우리나라도 목재를 생산하는 산주에 대한 획기적인 소득지원 방안 마련 등 임목축적을 높이는 산림정책이 필요하다.

미국, 자이언트 세쿼이아 '셔먼 장군' 나무

자료출처: 블로그-나무 이야기

사막화를
막아주는 숲

사막의 시작

 지구에는 대륙마다 큰 사막이 있는데 아프리카 사하라사막, 중국 고비사막, 미국 네바다사막, 오스트레일리아 그레이트빅토리아사막 등이 대표적이다. 사막은 아무것도 살아갈 수 없는 불모의 땅으로 알고 있지만, 이곳에서 살아가는 동식물이 있다. 이를 확인할 수 있는 곳이 오아시스다. 오아시스는 실크로드를 오가는 상인들과 동물들에게 쉼터가 되어 주던 곳이다.
 옛날에는 사막에도 풀과 나무가 자라고 있었다. 이 식물들은 뿌리를 땅속 깊숙이 내려서 건조한 사막 지역에 적응하면서 생명을 유지해왔다. 사람들은 이곳에서 오랫동안 양과 염소를 방목하며 살아왔는데 거주 인구가 늘면서 자연스럽게 방목하는 가축의 개체도 늘어났다. 이 가축은 먹을 것이 부족해지자 사막 지역에서 어렵게 생명을 이어가던 풀과 나무의 뿌리까지 먹어버렸다. 더는 식물체는 잎을 내지 못했고 사람들은 가축의 먹이가 되는 풀을 찾아 사막의 이곳저곳을 헤매고 다녔다. 이러한 행동이 반복되는 수 세기 동안 사막의 초지는 완전한 사막으로 변하고 말았다.

영역을 확장하는 사막

 최근에 사막은 급속하게 몸집을 키우고 있는데 이는 지구온난화와 밀접한 관계가 있다. 지구온난화로 사막에 비가 내리지 않으니 식물이 자라지 못하고 식물이 자라지 못하는 사막은 급속하게 확장되면서 지구온난화를 부추기고 있다. 사막의 확장 속도가 정말 무서운데 이집트와 같은 나라에서는 매년 사막이 수백에서 수 km씩 확장되면서 초록색의 육지는 갈색 모래언덕으로 변하고 있다고 한다.
 사막은 대부분 모래 먼지의 발원인데 인류의 재앙이라 할 수 있는 황사가 여기서부터 시작되어 세계 사람들의 건강을 위협하고 있다. 강한 바람으로 모래가 사막의 가장자리로 확장되면서 초록색의 육지는 갈색으로 변하고 파란색의 바다도 사막의 모래로 인해 그 색을 잃어가고 있다. 중국 고비사막에서 만들어진 초미세 황사는 발원한 지 5일이면 제트기류를 타고 지구 반대쪽인 미국에 도착한다. 이제 황사는 중국과 우리나라 등 동북아시아 몇몇 국가에만 피해를 주는 정도를 넘어 전 세계적인 문제로 발전되었다.
 황사는 우리나라의 경우 국민의 건강에 치명적인 피해를 주고 있지만, 산업계에도 막대한 피해를 주고 있다. 수 년 전 중국에서 넘어온 황사의 밀도가 너무 높아 초정밀산업으로 불리는 반도체 제조업체가 임시 휴업을 한 적도 있다. 황사가 불어오는 계절이면 중국의 수도인 북경은 한 치 앞을 볼 수 없는 지경이 되어 도시기능이 마비될 정도이다.

사막을 다시 푸르게

2011년도에 경상남도 창원시에서 제10차 유엔사막화방지협약 (UNCCD-United Nations Conventionto Combat Desertification) 당사국 총회가 열렸는데 이 협약은 기후변화협약, 생물종다양성협약과 함께 유엔의 3대 협약 중 하나이다. 아시아에서는 일본에 이어 두 번째로 열렸다. 이렇게 큰 총회가 우리나라에서 열리게 된 이유는 일제의 목재자원 수탈과 한국전쟁 등으로 황폐된 산림을 반세기 만에 훌륭하게 녹화시킨 공로를 전 세계로부터 인정받았기 때문이다. 총회 당시 전 세계 유엔사막화방지협약 당사국 대표들은 우리나라의 산림녹화를 성공모델로 하여 세계적으로 확대되는 사막화를 방지하고자 머리를 맞대었다.

유엔사막화방지협약 후속 행동(포스트 UNCCD) 이행을 위해 경상남도는 5년 동안 황사 발원지인 중국 고비사막과 몽골 바양노르솜사막에 사막화 방지를 위한 나무심기사업을 하였다. 심은 수종으로는 고비사막에는 포플러 사막버들, 황철나무, 양차이나무를 심고 바양노르솜에는 포플러, 비술나무, 버드나무, 비타민나무 등을 심었다. 이 총회 이후 우리나라 정부는 물론 인천시 등 많은 지방자치단체에서 사막화 방지를 위한 나무심기사업을 펼치고 있다. 하지만 사막화 방지를 위한 나무심기사업은 나무를 심어야 할 면적이 너무 넓은 데다 혹독한 기후로 인해 성공하기가 쉽지 않았다고 한다. 이때 심은 어린나무 한 그루 한 그루가 살아남아 점점 숲이 되어 가고 있다고 한다. 주황색 사막이 초록색 식물로 뒤덮여야 지구온난화가 멈춰질 것이다.

비를 부르는 숲

 사막의 오아시스는 물이 고이는 지질적인 특성이 있어 이곳에는 나무가 자라고 식수도 존재한다. 반대로 오아시스에 물이 있어서 나무가 자라게 되었다고 할 수도 있다. 필자는 사막에 비가 내리지 않는 이유가 나무와 숲이 사라졌기 때문이라고 굳게 믿고 있다.
 얼마 전 국내 어느 TV 방송국에서 우리나라가 10년에 심었던 몽골사막에 심었던 나무가 얼마나 자랐는지 취재를 한 내용을 방영한 적이 있다. 한 몽골 주민의 말이 신선하다 못해 신기했다. 그가 한 말은 "몽골사막에 나무를 심고 나서부터 가끔 비가 오기 시작했습니다."였다.
 사막의 오아시스에 사는 나무도 밤낮 온도교차가 큰 기후 특성을 이용하여 자신의 잎에 맺히는 이슬을 뿌리로 흘려보내면서 살아가고 있을 것이다. 언젠가 만화영화에서 구름이 흘러가다가 오아시스의 나무를 보고 "나무야 목마르지?" 하면서 비를 내려주고 가는 장면을 본 적이 있다. 이 만화영화 작가 역시 필자와 비슷한 생각을 하고 있었다. 나무가 자라는 곳에는 어떠한 형태로든지 비가 내린다는 사실을 이야기하고 있었다. 황사의 발원지인 고비사막에 우리가 심었던 나무들이 자라서 더욱 많은 비를 부르게 될 것이다. 그래서 과거 초원의 역할을 되찾기를 기대해 본다.
 옛 속담에 '소 잃고 외양간 고친다.' 라는 말이 있다. 중국 고비사막과 아프리카 사하라사막에 사는 주민들이 수 세기를 지켜온 사막의 초지와 나무, 숲을 떠나보내지 않고 그대로 보존하였다면 얼마나 좋았을까 하는 안타까운 생각이 든다. 사막이 계속 넓어지면서 지구의 골칫덩어리가 되고 있지만, 사막은 인간에게 욕심을 버리고 지구환경에 대해 귀를 기울이라는 메시지를 보내고 있다고 본다. 이제는 숲이라는 소를 잃어버리고 외양간을 고치는 일이 없도록 해야 한다. 그러기 위해서는 육식을 줄여 사막에서 방목되는 가축 수를 줄이고 초원 보존에 힘쓰는 한편 석탄, 석유처럼 지하자원을 태워서 만들어지는 전기에너지 사용을 줄여서 지구온난화로 사막이 확장되는 것을 멈추게 해야 한다.

최근에 노르웨이의 한 기업에서 액상 나노 점토를 개발하여 7시간 만에 메마른 사막을 경작지로 바꾸는 기술을 개발했다고 한다. 우리나라 정부에서도 사막에서 벼농사 짓기에 도전하여 성공하였다. 비록 비용이 많이 들고 이러한 행동이 사막 생태계에 어떤 영향을 줄지는 모르지만 메마른 사막을 초원으로 만드는 기술이 속속 개발되고 있다. 지구의 사막화를 막는 일에 우리의 지혜와 실천이 필요하다.

비를 부르는 숲 – 오아시스

자료출처: https://blog.naver.com/newroad2015/30179943675

야생동물의 생명 길
생태통로

생태통로의 역할

 요즘은 각종 개발을 할 때 사전에 환경영향평가를 실시해 생태통로가 필요한 지역에는 규정에 맞도록 설치해서 생태단절을 예방하고 있다. 10여 년 전부터 과거에 이루어진 도로개설이나 아파트단지, 공단 조성 등으로 잘리고 끊어진 생태 축을 복원하고자 산림청, 국토교통부, 환경부 등 중앙부처와 각 지방자치단체가 각자의 방식으로 생태통로 만들기 경쟁을 벌이고 있다. 일제강점기에 길을 내면서 끊어진 백두대간 축을 복원하는 일은 산림청에서, 일반도로 개설로 인한 생태단절지는 국토교통부에서, 국립공원 내 생태통로는 환경부에서 만들고 있으며 지자체에서도 주민 요구에 따라 생태통로의 이름으로 끊어진 공간을 연결하는 사업을 하고 있다. 문제는 국토교통부에 생태통로 설치기준이 마련되어 있지만 이에 맞게 만들어진 생태통로가 거의 없는 실정이라고 말할 수 있다.
 산림청에서는 2013년 이화령길 생태통로 설치를 시작으로 끊어진 백두대간의 생태 축을 연결하기 위해서 전국에 40개의 생태통로를 설치할

계획이라고 한다. 최근에 생태통로가 만들어진 곳으로는 백두대간 구간인 이화령, 육십령, 정령치 등이 있다. 지금은 토목기술이 발달하여 웬만한 곳에는 터널을 뚫고 있어 과거와 같은 대규모 생태계 단절이 발생하지 않는다고 하지만 터널 공사와 유지에 막대한 돈이 들어가기 때문에 아직도 산을 깎아서 도로를 내는 곳이 많다.

생태통로는 끊어진 산림생태계를 복원하여 야생동물의 이동을 보장하는 데 가장 큰 목적이 있다. 간단히 말하자면 야생동물의 건널목이다. 사람들도 무단횡단으로 생명을 잃는 경우가 종종 발생하듯이 야생동물들 역시 도로를 건너다가 다가 달리는 자동차에 치여 많이 죽는데 이를 '로드킬'이라고 한다. 야간에 도로를 건너는 야생동물을 피하려고 운전자가 운전대를 급하게 조작하는 바람에 발생하는 교통사고도 만만치 않다. 그래서 야생동물들의 이동이 많은 지역과 산림생태계 축을 이을 곳을 골라 생태통로를 만든다. 그런데 이렇게 만들어진 생태통로가 그 역할을 다하지 못하다 보니 더 만들어야 한다는 주장과 그만 만들어야 한다는 주장이 대립하여 나오고 있다. 어떤 생태통로는 야생동물보다는 백두대간을 찾는 등산객들이 더 많이 이용하거나 지역주민들의 농경지 진입로로 전락한 곳도 있기 때문이다.

이화령 생태통로는 준공된 지 며칠 후 야생동물 이동 상태를 관찰하기 위해 설치해 놓은 CCTV에 고라니가 지나가는 모습이 잡혀 생태통로의 역할과 필요성을 알리는 계기가 되었다.

생태적이지 못한 생태통로

필자는 생태통로는 반드시 필요한 시설이라고 보는데 제대로 설치된다면 생태계 보전에 큰 도움이 될 것이다. 지금처럼 예산만 낭비하고 효과는 거두지 못하는 천덕꾸러기는 되지 않을 것이 분명하다.

 그렇다면 어떻게 만드는 생태통로가 제대로 된 통로일까. 가장 중요한 것은 야생동물들이 안전하게 지나가야 한다는 점이다. 그래서 현재는 생태통로 양쪽으로 울타리를 친다. 지나가는 야생동물들이 도로로 떨어지지 않도록 말이다. 하지만 이것은 야생동물들에게 안정성을 보장해 준 것이라기보다 도로를 달리는 차량 위로 야생동물들이 떨어지면 어쩌나 하는 사람의 입장에서 생각한 안정성이다. 진짜 야생동물들에게 안전한 생태통로는 이곳을 지나는 동안 자신의 몸이 천적들에게 노출되지 않는 것이 제일 중요하다.

 현재 생태통로를 설치하면서 심는 나무는 대부분 가로수용 조경수를 가져다 심는다. 가로수는 땅에서 1.5~2m 높이까지 가지가 없다. 다시 말해 가로수는 생태통로를 지나가는 야생동물들의 몸을 가려주지 못한다. 당연히 가지가 땅까지 덮이도록 해 야생동물들의 몸을 충분히 가려주어야 하는데 현실적으로 그러지 못하고 있다.

 그래서 요즘은 생태통로에 나무를 심을 때 키 큰 나무를 심고 아래에는 관목류를 심어 동물들이 지나갈 때 천적들에게 몸이 노출되지 않도록 설계를 하고 있다. 하지만 식재되는 관목류 중에 상록성이 거의 없다. 즉 겨울에 생태통로를 이용하는 야생동물은 천적에게 그대로 노출된다. 천적의 눈에 띄지 않도록 어두운 밤에 생태통로를 지나가면 되지라는 생각을 할 수도 있는데 어두운 밤에도 자유롭게 다닐 수 있는 야행성 동물은 몇 종류 되지 않는다. 게다가 어두운 밤에도 천적에게 잡아먹힐 염려 없이 돌아다니는 동물은 삵과 멧돼지와 같이 숲속 생태계 최상위 포식자뿐이다.

 사정이 이렇다 보니 생태통로를 이용하려는 야생동물이 생태통로 입구까지는 울창한 숲에 몸을 감추어서 도착했지만, 생태통로를 지나는 순간부터는 천적들에게 몸이 노출되기 때문에 생태통로 이용을 꺼리게 되는 것이다. 생태통로 주변에서 야생동물의 로드킬이 더 많이 발생하고 있다고 하니 천적에게 먹히느니 무단횡단을 감행하다 사고를 당한 것이 아닌가 싶다.

제대로 된 생태통로를 만들자

 생태통로 10여 곳의 구조와 식생 조사에 참여한 적이 있는데 그때 느낀 점은 생태통로를 만드는 데 전문가가 정말 부족하다는 것이었다. 생태통로 설치가 생태 축을 연결하여 지역생태계를 되살리겠다는 목적이나 꼼꼼한 준비보다는 돈이 있으니 설치에 급급한 것 같아 씁쓸한 마음이 들었다. 국토교통부에서 만든 생태통로 설치기준이 있지만, 우리 현실에 맞지 않게 만들어졌다는 것을 한눈에 알 수 있었다. 생태통로 설치가 건설업의 한 분야로 전락하고 만 것이다.

 우리나라의 생태통로 설치 역사는 그리 오래되지 않기 때문에 아직도 연구하고 관찰해야 할 것이 많다. 야생동물의 이동을 모니터링 하는 방법도 제각각인 실정인데 분야별로 전문가들이 많이 배출되어 다양한 연구가 계속되어야 할 것이다. 앞으로 많은 시간이 흘러야 우리나라 현실에 맞는 생태통로 기준이 만들어질 수 있다고 본다.

 현재 설치되고 있는 생태통로를 제대로 만들기 위하여 세 가지 제안을 해보면 설치 장소는 설치작업이 쉬운 곳이 아니라 동물들의 이동이 편한 곳이어야 한다는 점이다. 예를 들면 신설된 4차선 지방도와 2차선 구도로가 나란히 지나가는 장소에서 4차선 도로는 고갯마루를 지나면서 구불구불한 2차선보다 훨씬 낮게 건설된다. 4차선 도로 위에 생태통로를 개설하면 생태통로를 건너온 야생동물은 자기 키의 몇 배가 되는 2차선 구도로 사면이 떡 버티고 있는 현실에 놀란다. 문제는 2차선 도로는 생태통로를 만들 수 없는 곳이 많다는 것이다. 생태통로를 넘어온 야생동물이 2차선 구도로에서 로드킬 당하는 경우도 보았다. 많은 돈을 들여서 만든 생태통로가 야생동물들에게 아무런 도움도 되지 못하고 있는 셈이다. 생태통로 설치 장소 선택에 객관적인 자료를 기반으로 한 깊은 고민이 있어야 할 것이다.

다음은 생태통로 설치공법인데 생태통로는 아치형, 교량형 등 지상 연결형과 박스형이나 맨홀 등 지하 연결형이 있다. 우리나라에서는 지상 연결형이 많은데 이는 도로가 개설된 이후에 필요해서 설치하다 보니 비교적 쉬운 공법을 선택한 것으로 보인다. 설치지역의 야생동물 특성을 고려해서 지하 연결형 설치공법을 도입하면 생태통로서의 기능을 충분히 발휘하게 될 것이다.

마지막으로 생태통로 식재 식물은 해당 지역에서 자랄 수 없는 식물을 먼 곳에서 가져다 심지 말고 주변 생태계와 식생을 고려해서 세심하게 선택해야 한다. 도로를 지나다 보면 생태통로에 심어진 나무가 그 지역에는 자랄 수 없는 조경수이거나 주변 경관과 어울리지 않는 스트로브잣나무, 구주물푸레나무와 같은 외래수종을 종종 볼 수 있다. 생태통로 설치가 잘 되었다는 이화령에도 외래수종이 심어진 것을 보고 아쉬운 마음이 들었다.

생태통로는 야생동물이 주인공이라는 생각으로 가장 필요한 장소에 제대로 만들어야 하겠다.

숲은
쓰레기를
만들지 않는다

숲은 거대한 화학공장, 하지만 쓰레기가 없다.

 식물은 빛에너지를 이용하여 이산화탄소와 물을 재료로 유기물을 합성하며 부산물로 산소를 만들어 내는 화학공장이지만 이 공장에서는 쓰레기가 발생하지 않는다.

 식물은 충실한 열매로 후계를 이어가는데 탐스럽게 익은 열매는 자연스레 동물과 곤충의 먹잇감이 된다. 동물과 곤충들이 식물의 꽃가루받이를 도와주었으니 보상을 해주는 한편으로 동물의 힘을 빌려 먼 곳까지 자손을 퍼트린다. 동물 몸속으로 들어간 열매는 소화과정을 거쳐 동물의 에너지원이 되는데 씨앗은 소화되지 않고 몸 밖으로 배설되어 숲의 대를 이어갈 새로운 개체로 자란다. 그래도 남는 열매는 겨울 추위에도 살아남아 스스로 싹을 틔우기도 하고 뿌리를 내리지 못해 말라서 죽게 되면 숲의 거름이 된다. 낙엽 역시 겨울에는 어린나무나 새로운 생명을 가진 씨앗이 얼지 않도록 이불이 되어 주고 야생동물의 따뜻한 보금자리 역할도 한다. 죽은 나무와 낙엽은 분해자인 버섯의 힘을 빌려 거름이 되어서 숲의 식물을 기운다. 말 그대로 자연적인 생산과 소비, 분해가 이루어진다. 그래서 숲에는 쓰레기가 없다.

쓰레기로 사라지는 숲

 인간 세상에서는 매일 산더미 같이 쏟아지는 생활 쓰레기를 매립하느라 많은 숲이 사라지고 있다. 침출수로 지하수와 강, 바다도 오염되고 있다. 현대 사람들은 편리한 생활과 사회발전이라는 이유로 쓰레기 만들기에 너무 열중이다. 온갖 화학 원료로 만들어지는 건물과 생활 공산품들은 원료 운반, 제품생산과 유통, 사용한 제품 버리기까지 많은 에너지가 소비된다. 공산품는 당연히 높은 탄소발자국을 남기는 것은 물론 온실가스라는 쓰레기로 지구 기권에 남아 기후변화의 주범이 되고 있다. 사람들은 숲이 쓰레기를 만들지 않는 원리를 배워야 할 것이다.
 진짜 쓰레기라고 할 수 있는 생활 쓰레기와 축산폐수, 음식물 쓰레기 이야기를 해보자. 생활 쓰레기는 대부분 매립과 소각으로 처리하는데 넘쳐나는 쓰레기 매립장 건설을 위해서 많은 산과 숲을 없애고 있다. 그래도 한계에 부딪히자 태우는 방식도 병행하고 있는데 이 과정에서 많은 석유 에너지가 소모되고 미세먼지가 나온다.
 다음은 가축분뇨인데 과거 비료가 없던 시절에는 돈을 주고 사던 소중한 자원이었다. 이것으로 땅을 기름지게 해서 튼튼한 채소와 곡식을 키웠다. 이때에는 식물들이 병치레도 적어 농약도 적게 사용하였다. 말 그대로 자연정화 시스템이 제대로 작동하였다. 당시에는 분뇨의 발생량도 적고 항생제와 같은 나쁜 물질이 들어 있지 않아 땅이나 강물을 오염시키지 않았다. 하지만 지금은 가축의 분뇨에서 검출되는 다량의 항생제 때문에 농가에서 거름으로 사용하고 있는 가축 퇴비에 대한 안전성에 시비가 일고 있다. 또 넘쳐나는 분뇨를 퇴비화해서 사용하기보다는 비교적 처리비용이 저렴한 해양투기를 선택했다. 수십 년간 엄청난 양의 분뇨를 연안 바다에 버려왔고 이들 바다에서 잡은 물고기는 우리 밥상에 올라왔다. 넓디넓은 바다의 자정작용으로도 감당이 되지 않아 해양생태계에 문제가 생기기 시작했다. 국제사회에서는 2013년부터 전 세계 국가의 가축분뇨 해양투기를 금지하는 법을 만들어 해상투기를 원천적으로 막아버렸다. 이로 인해서 우리나라에서도 한때 가축분뇨를 처리하지 못해서 큰 혼란을 겪기도 했다.

지금은 다행스럽게도 육상 처리시설이 많이 생기면서 별다른 문제는 없어 보인다. 하지만 큰비가 내리면 축산분뇨를 무단 방류해서 하천을 오염시키는 축산농가가 행정당국에 적발되었다는 언론보도가 종종 나오는 것으로 보아 축산분뇨의 처리비용이 만만치 않다는 것을 알 수 있다. 축산분뇨 처리비용이 커질수록 축산물의 가격도 오르게 된다. 고체형 가축 퇴비 이외에 가축분뇨를 발효시켜서 만든 액체 비료 제품 등이 판매되고 있지만, 가축분뇨의 퇴비화는 갈 길이 멀어 보인다.

가축분뇨를 현명하게 버리는 방법으로는 밤, 호두 등 임업경영을 위해 유실수를 키우는 산의 꼭대기에 저장용 탱크를 설치하고 가축분뇨 액체 비료를 담아서 조금씩 흘려보내 산 전체에 액체 비료를 주는 것이다. 현재의 액체 비료 살포 방식은 많은 양을 경사진 산에 한 번에 뿌리다 보니 땅속으로 스며들지 못하고 흘려내려 낮은 지대로 모이면서 문제가 발생하고 있다. 보관 용기의 파손으로 많은 양의 액체 비료가 일시에 강에 흘러들어 물고기가 폐사하기도 했다.

우리나라 산지는 대부분 급경사지로 토양 내에 거름 성분이 거의 없다. 그래서 나무의 자람이 좋지 못한 것이 현실인데 가축분뇨 액체 비료를 잘만 사용한다면 축산농가에도 도움이 되고 산도 비옥하게 만드는 일거

양득의 효과가 있을 것이다.

음식물 쓰레기와 탄소 마일리지

다음은 음식물 쓰레기 이야기인데 사람에게 가장 좋은 음식은 제철 식재료를 이용해서 바로바로 요리해 먹는 것이다. 바로 만든 음식이 몸에 좋은 이유는 사람들의 체온을 올려주기 때문이다. 사람의 몸속 온도를 1℃만 올려도 많은 병을 이겨 낼 수 있다고 한다. 하지만 바쁘다는 이유로 대부분 한꺼번에 많은 양의 식재료를 사서 냉장고에 보관해 두었다가 꺼내 요리를 하고 남은 음식은 냉장 보관해서 다음에 또 먹는다. 당연히 찬 음식을 매일 먹게 되고 몸이 차가워져 몸에 병이 많아진다. 문제는 냉장고를 너무 믿는다는 점인데 먹다 남은 음식은 무조건 냉장고에 넣어둔다. 심지어 몇 년이고 얼려 둔 음식을 결국에는 먹지 못하고 음식물 쓰레기로 내다 버린다.

오래된 음식을 버린다는 것은 단순하게 못 먹는 음식 한 가지를 버린 것이 아니다. 음식물 쓰레기 통에 버린 칠레산 포도를 예로 들어보면 칠레 농부들이 포도를 키우는데 거름주기, 관수작업, 수확, 출하하면 비행기로 운송되어 우리나라 소비자 손에 오기까지 많은 석유 에너지를 소모하면서 탄소발자국을 양껏 남겼다. 모인 음식쓰레기를 처리하기 위해서 운반 차량을 운행할 때 석유 에너지를 소모하면서 매연으로 도심의 공기를 오염시키고, 음식물 쓰레기 처리장에서도 여러 종류의 기계들이 움직이면서 많은 에너지를 소비한다. 이런 과정을 거쳐 음식쓰레기는 완전하게 처리되었을망정 석유 에너지의 쓰레기인 탄소 마일리지는 점점 쌓이면서 우리 생활 주변에 미세먼지가 가득하게 된다.

쓰레기는 사람 기준에서 만들어진 단어

 음식물 쓰레기를 최대한 줄여야 한다. 그러면 식료품 구매비도 함께 줄어 가계 경제와 지구환경에도 도움이 될 것이다. 어쩔 수 없이 음식물 쓰레기를 버려야 한다면 현명하게 버려야 한다.
 한때는 음식물 쓰레기를 가축 사료로 재활용되기도 했지만 실패하고 말았다. 이유는 간단하다. 재활용할 대상을 음식쓰레기라고 불렀기 때문이다. 그러니 음식물을 버리는 사람들이 가축이 먹을 만한 음식물과 싱크대 거름망에서 나오는 부패한 음식물 찌꺼기도 함께 버리게 되었다. 부패한 음식물이 수거함에 들어가는 순간 그 수거함 안에 있는 모든 음식물은 부패균에 오염되어 재활용되지 못하고 말 그대로 음식물 쓰레기가 되고 만다. '쓰레기도 모으면 자산입니다' 라는 광고 문구를 보았다. 말 그대로 쓰레기는 쓰레기지 재활용 대상이 되지 않는다고 생각한다. 쓰레기라는 말은 재사용하거나 재활용할 수 없는 최고 마지막 단계에서 사용해야 하는 단어라는 것이다. 따라서 가축 사료화를 위해서 수거하는 버려진 음식물을 음식쓰레기라는 용어 대신 '사료용 음식물자원' 이라고 했다면 여기에 부패한 음식물은 섞어 버리지 않았을 것이고 가축 사료화는 가능했을지도 모른다.
 현재 음식물 쓰레기 처리는 퇴비화하거나 고온 압축해서 소각하는 방식 등 다양한 방법으로 처리하고 있다. 소각은 고온에서 태워야 냄새와 유해가스가 줄어들기 때문에 다량의 연소용 기름과 함께 태운다. 특히 젖은 쓰레기는 더 많은 연소용 기름을 필요로 한다. 소각과정에서 나온 미세먼지와 탄소발자국은 우리의 몸속과 지구 기권에 짙은 농도로 쌓이고 있다.

유럽의 푸드 셰어링

독일 프라이부르크 사람들의 음식물 쓰레기 퇴비화 방법을 눈여겨보고 따라 해본 적이 있다. 한때 독일의 생태 도시 프라이부르크 사람들의 생활 습관을 많이 동경했었다. 독일 사람들의 친환경적인 삶에 뒤질 수 없다는 생각에 15년째 사무실에 개인 휴지통을 두지 않고 있다. 아파트 재활용 수집장에서 우유 팩을 모아 재생휴지로 교환해서 사용하고 있다.

프라이부르크 사람들은 지렁이를 이용해서 버려지는 음식물을 종이와 함께 퇴비로 만들어서 거름으로 사용하고 있었는데 동사무소에서 지렁이알을 무상으로 나눠주었다. 퇴비함에는 매일 나오는 음식물 쓰레기와 재활용하기 어려운 종잇조각을 함께 버렸다. 주민센터에서 무료로 나눠주는 지렁이알을 가끔 뿌려주기만 하면 퇴비함 맨 아래에서는 훌륭한 퇴비가 만들어졌다. 몇 개월에 한 번씩 꺼내서 정원에 거름으로 뿌려주었다. 아마 단독주택이라 가능했을 것인데 필자도 농촌지역 아파트에 살면서 버려지는 음식물 재활용에 도전해보았는데 때마침 아파트 근처에 염소농장이 있어 가능했다. 과일 껍질, 다듬고 남은 채소를 모아서 운동가는 길에 염소에게 주었다. 정말로 버려지는 음식물 쓰레기가 눈에 띄게 줄어들어 지구환경을 지키는데 이바지했다고 생각한다.

사람들은 재활용, 재사용이 가능하거나 채소와 같이 다른 동물의 먹이가 될 수 있는데도 쓰레기라는 이름을 붙여서 버리기에 열중하고 있다. 버리기에 앞서 알맞게 생산하고 완벽하게 소비하면 될 것이다. 완벽한 소비는 집 안에 있는 냉장고를 내다 버리면 된다. 그러면 매일매일 신선한 음식을 남김없이 먹을 수 있다. 또 한 가지는 만들어진 음식은 남기지 않는 것이다. 필자는 음식점에서는 절대로 음식을 남기지 않으려고 노력한다. 흔히 남은 반찬을 일컫는 잔반은 정말 낭비 중의 낭비라고 생각하기 때문이다. 음식이 내 입에 들어오기까지 많은 탄소발자국을 남겼는데 버리는 일에도 에너지를 사용한다면 지구환경은 어찌 되겠는가?

최근에는 하루 또는 이틀 치 채소와 과일 등 생활에 필요한 부식을 근처 마트에서 배달해 먹는 가구가 늘고 있다. 상당히 친환경적인 발상이라고 본다. 아직 우리나라에서는 초보적인 단계지만 유럽에서는 유통기한이 지난 음식 중 사용 가능한 음식 재료를 기부받아 음식을 만들어 어려운 이웃들과 나누어 먹거나 정상적으로 식당을 운영하는 봉사단체가 늘어나고 있다. 이 식당에서 발생한 이윤은 사회에 기부하고 있다고 한다. 다른 형태는 먹을 수 있는 음식을 나누는 공유 냉장고를 운영하고 있었다. 유럽에서는 유통기한이 얼마 남지 않아 혼자서는 다 먹을 수 없는 채소나 과일을 공유 냉장고에 넣어 두어 다른 사람들이 가져다 먹도록 하고 있었다.

음식물 재활용이나 나눔에 참여하는 단체 사람들은 '식재료의 유통기한' 이나 '음식쓰레기'는 사람들이 지어낸 말이므로 잘 보관된 식재료들은 언제든지 먹어도 괜찮다고 말하는 것을 보았다. 이 사람들이야말로 지구환경도 지키면서 이웃을 사랑하는 완벽한 소비를 하고 있었다.

우리나라에서는 문화적으로 음식물 나누기에 매우 인색하다고 본다. 집마다 대형냉장고와 김치냉장고는 가지고 있다. 그리고는 일 년에 한두 번씩 대형쓰레기 봉투에 음식물을 버리는 행동은 좀 바꿔야 한다. 편의점의 삼각김밥은 유통기한이 짧아 매일 버려지는데 여기에는 비용이 발생하고 에너지가 소비되면서 탄소가 발생한다. 이렇게 매일 버려지는 삼각김밥을 주변의 생활이 어려운 사람들에게 나누어 준다면 이웃사랑도 실천하고 지구환경도 지키는 일거양득의 효과를 거둘 수 있을 텐데 발 벗고 나서는 기관이나 봉사단체가 없다. 유럽 사람들의 음식물 나눔 실천에서 이웃사랑과 탄소발자국으로부터 지구를 구하고자 하는 마음을 넘어 인간이 어떻게 살아야 할지에 대한 지혜와 철학을 배웠다.

독일엔 있다 거리 냉장고. 독일엔 없다 버리는 음식. 유럽에 번진다 푸드 셰어링

자료출처: 서울신문

전기를 만드는 공장 - 화력발전소

제 3 장

숲에 대한 새로운 제안

무궁화
명품 가로수 만들기

무궁화 내력

　무궁화는 대한민국을 대표하는 나라꽃이 피는 나무다. 그러나 광복 70주년이 지나도록 무궁화를 국화(國花)로 규정하는 법률이 없어 논란의 중심에 서기도 했다. 또 무궁화 학명(*Hibiscus syriacus*)에 종명이 '시리아쿠스'로 중동이 원산지인데 시리아와 멀리 떨어져 있는 대한민국의 나라꽃이 된 것을 의아하게 생각하는 사람도 많다. 그러나 단군신화에도 무궁화가 등장하는 것으로 보아서는 당시 동북아시아에 자생하는 무궁화 품종이 있었던 것이 분명하다. 무궁화와 같이 아욱과에 속하며 노란색 꽃이 아름다운 '황근'이 제주도에 자생하고 있다.
　무궁화는 6~8월에 피는 대표적인 여름꽃이다. 무궁화의 학명에 사막 건조 지역인 시리아가 들어간 것으로 보아서 여름에 피는 꽃이라는 것을 알 수 있다. 여름에 꽃을 피운다는 것은 햇볕을 좋아하는 양수라고 보면 되는데 무궁화를 큰 나무 아래 그늘에 심어 꽃을 제대로 못 보는 경우가 종종 있다.
　무궁화는 하루 만에 피고 지기를 다하는 꽃이다. 약 100일 동안 매일

꽃이 피어 있는 모습을 볼 수 있는데 이것은 매일 한 송이씩 100송이를 피웠다고 보면 된다. 하와이무궁화처럼 꽃이 며칠 동안 피는 품종도 있다. 꽃은 1년생 가지에서 피는데 꽃이 피기 전의 꽃봉오리와 수정이 된 어린 열매의 모습이 비슷하게 닮아 꽃봉오리인지 성숙할 어린 열매인지 구분하기 힘든 경우가 종종 있다. 쉽게 구별할 수 있는 비법을 알려드리면 꽃봉오리 옆에 있는 봉선의 볼록하고 오목한 정도로 구별하는 데 피어날 꽃봉오리는 볼록하고 수정을 마친 어린 열매는 오목하게 들어간다.

무궁화는 꽃의 생김새와 색깔에 따라 크게 세 계통으로 구분하는데 꽃의 중앙이 붉은색을 띠면 단심계, 꽃잎과 중앙이 모두 흰색이면 배달계, 꽃잎에 분홍색 무늬가 있으면 아사달계로 구분한다. 단심계는 다시 꽃잎이 붉은색이면 홍단심 또는 자단심, 흰색이면 백단심, 청색이면 청단심으로 나눈다.

무궁화 가로수 정책이 실패한 '비밀'

2002년 월드컵을 앞두고 무궁화 가로수 심기 열풍이 불었다. 하지만 20년이 지난 지금 당시 심었던 무궁화 가로수를 찾아보기 힘들다. 이것은 무궁화 가로수가 실패했다는 말이 된다. 2015년에도 광복 70주년을 맞이하여 나라꽃 무궁화는 큰 인기를 누렸다. 우리나라 곳곳에 무궁화를 가로수로 심거나 무궁화 공원을 만들었다. 하지만 이때 심은 무궁화 가로수와 공원도 실패하게 될 것이다. 아니 반드시 실패한다. 무궁화 가로수를 심기 위해서는 품종과 적지를 알아야 하는데 이 기술을 아는 사람이 별로 없어 답답하다.

무궁화는 양수이기 때문에 그늘이 없는 곳에만 심으면 성공한다고 잘

못 알고 있다. 하지만 새로 만든 도로변의 그늘이 전혀 없는 곳에 무궁화를 심었는데도 아름다운 가로수길로 성공하지 못하는 이유는 무엇일까? 실패한 무궁화 가로수 길에 매년 새로운 나무를 새로 심는 데도 성공하지 못하는 이유가 무엇인지 이제 그 비밀을 이야기할 차례다. 필자가 실패라는 단어를 사용한 이유는 가로수가 지니고 있어야 하는 가장 큰 특징 중의 하나인 통일성과 규칙성이 없다는 것이다. 무궁화를 가로수로 선정하기 위해서는 먼저 수고와 수형, 꽃의 색깔, 꽃피는 시기 등을 고려해야 한다. 다음으로 햇볕과 영양분 요구도 등을 들 수 있다. 이를 만족하기 위해서는 동일 품종을 심는 것과 수분공급이 바로 그 '비밀'이다. 무궁화 품종 약 300가지 중 가로수용으로 적합한 동일 품종을 충분한 수분공급이 가능한 장소에 심어야 무궁화 가로수 사업이 성공할 수 있다는 이야기다. 그동안 무궁화 가로수를 심을 때 우리나라에서 자라고 있는 무궁화 300품종 중에서 특정 품종을 선택해서 심는 것이 아니라 무작위로 심다 보니 수고와 수형, 꽃피는 시기와 색깔이 제각각 이었던 것이다. 왜 무궁화 가로수가 죽는지 원인도 모른 채 다시 심기를 반복하다가 결국 포기하게 된다. 무궁화가 양수라고 하지만 너무 강한 햇볕과 한여름 도로변 아스팔트가 내뿜는 열기에는 약하다. 도로를 만들면서 다진 토양에 모래와 점토 성분의 비율에 따라 자람이 다르다. 퇴비를 좋아하는 품종이 있는데 녹음이 짙어야 할 여름철에 잎이 누렇게 변해 영양실조를 보이는 것은 양분과 수분부족을 나타내는 지표이다.

무궁화 명품 가로수 만드는 법

앞으로 우리나라에서 무궁화를 가로수나 공원수로 심을 때는 반드시 품종을 표기하는 문화가 정착되어야 할 것이다. 이와 함께 무궁화를 재배하는 농장이나 업체에서도 300가지 품종을 무작위로 키울 것이 아니라 가로수용으로 적합한 품종을 구분해서 재배해야 한다. 앞으로 정부 차원에서 우리나라 가로수로 적합한 품종개발과 보급도 필요하다고 본다.

얼마 전까지 무궁화를 가로수로 선정하는 기준은 겹꽃만 아니면 된다는 것이었다. 겹꽃은 열매가 달리지 않는다. 그래서 겨울에 열매가 달려있으면 홑꽃이라고 판단하고 가로수용으로 적합한 품종인지는 묻지도 따지지도 않고서 심어 왔지만, 이제는 무궁화 공원의 조성에도 변화가 필요하다. 실패 사례를 보면 6~8월 뙤약볕에 꽃을 피우는 무궁화 한 종만 딸랑 심어 놓고서는 "나라꽃이니 구경 오세요" 하고 홍보하지만 아무도 찾지 않는다. 앞으로 전체면적에서 40% 정도에만 무궁화 품종을 심고 봄꽃인 수선화, 조팝나무, 적작약과 여름꽃을 대표하는 원추리, 수국을 심고 가을꽃과 겨울 정원을 감상할 수 있는 구절초, 억새류 등을 심어서 연중 사람들이 찾는 공간으로 만들어야 성공한 무궁화 공원이 될 수 있다.

서울 광화문 앞 '전국 무궁화 분화 전시회'

2018년 여름

국산 목재의
미래

산불! 나면 안 돼요

 겨울은 나무와 숲을 가꾸는 임업경영에 있어서 중요하다. 1년 내내 중요하지 않은 시기가 없지만, 겨울철은 특히 중요한 시기이다. 무엇보다도 산불로부터 나무와 숲을 지켜야 한다. 다음으로는 나무의 월동준비가 필요하다. 내년에 더욱 잘 자랄 수 있도록 거름도 주어야 하고 과실 나무의 경우 열매가 잘 맺도록 전지도 해주어야 한다.

 특히 산불 예방의 중요성과 산주의 역할에 대하여는 십분 강조해도 지나치지 않다. 우리나라는 국토의 면적이 좁고 소나무와 같이 불에 약한 수종이 단순림을 이루다 보니 산불이 발생하면 그 피해가 더욱 크다. 실제로 산불로 인명사고와 재산피해가 발생하는가 하면 낙산사와 같은 국보급 문화재들이 소실되기도 한다. 산불로 하루아침에 삶의 터전을 잃은 사람도 많다. 송이 산이 불타면서 송이버섯이 생산되지 않아 임업을 포기하는 산주도 있고 낙산사와 같은 유명관광지에서 관광객을 상대로 장사를 하던 사람들도 생계가 막막하기는 마찬가지이다. 천년고찰의 위용이 사라지고 시꺼멓게 그을린 관광지를 누가 찾겠는가. 이처럼 산불이

나면 국민이 모두 직간접적으로 피해를 입게 된다. 그래서 정부와 지방자치단체에서는 매년 겨울철부터 이듬해 5월까지 약 7개월간 산불 예방을 위해 많은 예산과 노력을 쏟는다.

최근에 대형 산불이 많이 발생하는 추세에 있다. 이유는 크게 두 가지로 요약되는데 서로 연관성이 있다. 먼저 지구온난화로 인한 봄 가뭄이 심해서이고 다음은 우리나라 산이 너무 울창하다는 점인데 말 그대로 화약고라고 불릴 정도다. 봄 가뭄으로 숲속이 건조해진 상태에서 불이 나면 1ha(가로세로 100m) 안에 쌓여 있는 146m^3의 거대한 장작더미가 삽시간에 불타는 것과 같다. 특히 소나무에는 기름 성분인 송진이 있어 더욱 잘 타게 되는 것이다.

여기서 중요한 것은 산불이 대형화되는 원인이 나무의 축적이 많아서가 아니라 나무와 나무 간의 거리가 너무 가깝다는 점이다. 숲 가꾸기가 제대로 되지 않아 미래에 생산되어야 할 미래 목은 주변 나무의 방해로 자람이 느려지고 가지가 충분히 뻗을 수 없을 정도로 숲이 빽빽하게 되면서 줄기에 마른 가지가 많이 붙어 있게 된다. 이런 상태에서 산불이 나면 불이 나무와 나무를 연속적으로 타고 넘는 수관화-나무의 왕관으로 불리는 줄기 윗부분의 가지가 타는 것-로 발전되어 산불이 급속하게 확산하는 것이다. 만약에 나무와 나무 사이의 간격이 멀리 떨어져 있고 마른 나뭇가지가 소나무 줄기에 붙어 있지 않다면 산불의 확산 속도는 확실히 느려질 것이다. 나무를 심고 나서 한 번도 숲 가꾸기를 하지 않아 죽은 나무와 마른 가지가 많은 숲은 화약고와 다름없다.

산불은 우리나라 국민에게 정서적으로나 경제적으로도 큰 피해를 주고 있다. 당연히 산불을 막을 수 있는 대책이 필요하다고 본다. 그 첫 번째는 산림 내 임산물의 가치를 높여서 산불 예방은 산주가 하고 진화는 정부에서 하도록 산림정책을 바꾸어 나가는 것이다. 두 번째는 숲속에서

불쏘시개 역할을 하는 부산물을 산림 밖으로 꺼내서 숲속을 깨끗하게 하는 방법이다.

산주가 자기 산을 돌보게 하자

밀레니엄 시대라 불리는 2000년대를 앞둔 1999년에 '새천년엔 산주가 산을 가꾸자'라는 제목으로 산림지에 기고한 적이 있다. 20년이 지난 지금 당시와 비교해 보면 숲에 대한 산주들의 관심이 조금은 나아졌지만, 아직도 산의 보유목적을 산림경영보다는 부동산 가치에 두고 있다. 이들 산주는 산불 예방은 물론 산불이 발생해도 진화에 별다른 관심이 없다. 심지어 산이 위치한 소재지에 살지 않는 산주는 자기 산에 산불이 났는지도 모르는 일도 있다. 행정관청에서는 산불 예방에 열을 올리고 산주는 방관하는 이런 현상을 언제까지 두고 보아야 할까? 산주들에게 자신의 산을 지키고자 하는 동기를 부여하기 위해서는 산에서 자라고 있는 나무나 임산물의 가치를 높여야 한다.

우리나라 산주는 자신이 소유한 나무의 가치가 얼마인지 모르고 있다. 이제부터라도 산주는 내 산에 자라고 있는 나무의 종류는 어떤 것이 있고 수종별로 벌기령에 도달해서 벌채를 하면 벌채 비용을 제외하고 얼마가 내 손에 들어오는지 알아야 한다. 산주가 자신의 산에서 자라는 나무의 가치에 대하여 아무것도 모르다 보니 개인 목재 거래상들이 우리나라 목재시장을 쥐락펴락하고 있다. 결론부터 말하자면 산주들만 손해를 보고 있다는 말이다. 경북이나 강원도 지역의 경우 산에서 높은 소득을 올리는 송이버섯이 생산되는 산의 산주들은 산불이 날까 노심초사한다. 개인 돈을 들여 자체 산불감시원을 배치하는 일도 있고 직접 산불 예방에 나서기도 한다. 이처럼 산에서 올리는 소득이 높아야 산주가 스스로 산을 가꾼다. 그럼 어떻게 산에서 자라는 나무가 돈이 되게 할 것인가?

산에서 돈이 나오는 정책개발이 시급하다. 그리고 '세금 확보에 희생되는 숲' 장에서도 말했지만, 숲 가꾸기를 하면 입목축적이 높아져 산을 다른 용도로 개발하는 데 제약을 받기 때문에 의도적으로 숲 가꾸기를 거부하는 산주들이 발생하지 않도록 제도적인 방안을 마련해야 하겠다. 산에서 생산되는 목재의 가격이 높은 소득으로 이어진다면 산주들이 앞장서서 숲을 가꾸고 지키게 될 것이 분명하다.

국산 목재의 미래

현재 전 세계적으로 석유 에너지의 과다 사용으로 지구온난화는 한층 가속화되고 있다. 우리나라도 산업계는 물론 가정에서도 석유 에너지에 지나치게 의존하고 있다. 땔감이 넘쳐나는 산촌에서도 값싸고 편리하다는 이유로 기름보일러를 선호하고 있다. 산촌에 사는 노인들은 힘에 부쳐 땔감을 구하기 어려운 것이 현실이다. 농촌과 산촌에 아궁이가 사라지면서 나무가 천덕꾸러기가 되었다. 이제는 달라져야 한다. 농촌과 산촌에 다시 아궁이를 만들자는 것이 아니다. 석유 에너지 사용을 조금이라도 줄이고 국내 목재산업을 활성화하기 위해서 산림 바이오에너지 사용을 늘려나가야 한다는 말이다.

산촌에 목재를 수집하는 기계장비 소리가 들려야 새로운 소득과 일자리도 생기고 산촌이 잘살게 된다. 장작과 톱밥, 목재펠릿을 비롯한 다양한 형태의 산림 바이오에너지를 가공하기 위해 깊은 산속에서 썩고 있는 나무를 자원화해야 한다. 정부의 역할은 목재 부산물을 통해서 소득이 창출되는 시스템을 만들어 주면 된다. 그래야 산주가 숲을 제대로 가꿀 수가 있다.

일본에는 목재 경매장이 있을 정도로 목재산업이 활성화되어 있지만 우리는 아직 목재상에 의존하는 걸음마 단계에 머물러 있다. 어떤 사람들은 우리나라에서는 나무를 키워서는 임업이 성공할 수 없다고 한다. 열대우림에서는 1년에 5미터씩 자라는 나무가 많은데 경쟁이 되겠냐는 것이다. 결론부터 말하자면 충분한 경쟁력이 있다고 말할 수 있다. 현재 우리나라 숲에서 자라고 있는 사방오리, 편백 1t의 가격이 30~40만 원 정도다. 인도네시아에서 들어오는 나왕은 물론 미국에서 수입하는 미송보다 비싸다. 앞으로는 외국에서의 원목 수입이 어려워질 전망인데 목재 수출국에서 자국의 목재산업 육성을 위해서 펄프와 합판 등 1차 가공품만 수출하려 하고 있기 때문이다.

한편으로 우리나라 목재산업이 활성화될 수 있다는 희망적인 전망은 목재 가공 기술의 발달로 집성재 사용이 점차 늘어나고 있다는 것이다. 그리고 우리나라 편백이 일본으로 수출될 날도 얼마 남지 않았다고 본다. 일본은 인건비와 물가가 너무 비싸기 때문에 편백이 지천으로 늘려 있지만, 벌채, 수집, 운반, 제재, 유통이 쉽지 않아 편백 제품의 판매가격이 매우 높게 형성되고 있다. 높은 가격으로 인해 일본사람들도 편백으로 만든 제품을 손쉽게 구매하지 못한다고 한다. 하지만 우리나라 편백은 사계절이 뚜렷한 기후에서 자라 단단하면서도 무늬가 아름다워 일본사람들도 우리나라 편백 제품을 선호하게 될 것이 분명해 보인다.

편백 이야기가 나왔으니 편백 정유에 대해서도 알아보자. 편백 정유는 일본제품을 최고로 알고 있지만 최근 베트남산 제품이 가격이 싸고 품질이 더 좋다고 알려지면서 세계적인 인기를 누리고 있다. 편백 하면 일본에서만 자라는 것으로 알고 있지만, 베트남에서도 자라고 있는데 베트남의 편백 정유 판매 전략은 기후적인 특성을 제품홍보에 이용한다는 점이다. "베트남 고산지역은 우기에 매일 소나기가 내리기 때문에 양분이 씻겨나가고 거의 없는 상태인데 여기에서 자라는 편백은 자람이 매우 느리고 목재조직이 치밀해져 고품질의 편백 정유가 만들어지는 천혜의 조건"이라고 말한다. 반대로 일본은 해양성기후로 연중 습기가 많고 기온이 높아 편백의 목재조직이 치밀하지 못해서 고품질의 정유가 만들어질 수 없는 조건이라고 일본산 편백 정유를 평가 절하한다. 이 전략은 베트남산 제품의 판매율이 높이는 데 한몫을 하고 있다.

우리나라는 대륙성기후로 사계절이 뚜렷해서 우리의 편백나무가 가지고 있는 정유 성분도 일본제품보다 훨씬 높을 것이 분명하다. 우리나라도 편백 정유 추출 기술력을 확보해서 베트남과 일본이 선점하고 있는 편백 정유 산업에 뛰어들어도 충분히 경쟁력이 있다고 본다.

철근이나 콘크리트보다 강한 목재 − CLT집성목

최근에 개발된 CLT(Cross laminated timber) 집성목−나무 조각을 교차로 쌓아 붙여 만든 조립형 목재−는 철근이나 콘크리트 강도에 버금가면서도 제조에 드는 에너지는 콘크리트와 철근의 50분에 1밖에 되지 않는 친환경 미래의 목재로 불린다. 캐나다는 16층짜리 대학 기숙사를 오스트리아에서는 28층짜리 건물을 CLT 집성목으로 지었다. 일본은 CLT 집성목으로 70층짜리 목조건물을 지을 것이라고 한다. 우리나라는 10층 정도의 CLT 목조건물을 지을 수 있는 기술력을 가지고 있다고 한다. CLT 집성목은 나무의 지름이 작은 우리나라에도 적용이 가능한 목재 활용법인데 이 기술은 미래에 친환경 건축공법으로 자리매김하게 될 것이 분명해 보인다. 일본에서는 CLT 집성목 산업이 활성화되면서 젊은 기술자들의 일자리가 늘어나자 산촌으로 돌아오는 청년들이 늘어나고 있다고 한다.

미래 목재산업의 신소재 - 집성목재

목재는 어떠한 건축 자재보다 강하다는 것이 밝혀졌는데 산림청 연구자료를 보면 목재의 무게 대비 인장강도는 철의 4.4배, 콘크리트의 약 225배, 압축강도는 철의 2.1배, 콘크리트의 9.5배, 휨강도는 철의 15.3배, 콘크리트의 약 400배에 달한다고 한다. 목재주택은 단열성과 지진에 견디는 힘, 불에 견디는 힘이 강하며 공사 기간을 획기적으로 단축할 수 있다. 또한 철과 콘크리트 같은 다른 건축 재료에 비해 제조하고 가공하는 과정에서 사용하는 에너지가 적어 CO_2 방출량이 현저히 적다. 철근 콘크리트 주택을 짓기 위해선 79.98t(목재의 4.2배), 철골 주택은 54.06t(목재의 2.8배)의 CO_2를 방출하지만, 목조주택은 불과 18.85t에 불과하다. 최근에는 원목 판재의 뒤틀림과 갈라짐 등 구조적인 단점을 보완하기 위해서 집성목재의 개발이 활발하다.

1. 철이나 콘크리트보다 강한 신소재 - CLT집성목재

CLT(Cross Laminated Timber)집성목재는 나무 조각의 결 방향을 수직되게 교차로 쌓아 붙여 만든 조립형 목재로 천정과 바닥재 역할을 동시에 만족시키는 판구조로 사용된다.

캐나다에서는 16층짜리 대학 기숙사를 오스트리아에서는 28층짜리 건물을 CLT집성목재으로 지었다. 일본은 CLT집성목재으로 70층짜리 목조

건물을 지을 것이라고 한다. 우리나라는 6층 정도의 CLT 목조건물을 지을 수 있는 기술력을 가지고 있다. CLT집성목은 나무의 직경이 작은 우리나라에도 적용이 가능한 목재 활용법인데 이 기술은 미래에 친환경 건축공법으로 자리매김하게 될 것이 분명해 보인다. 일본에서는 CLT집성목재 산업이 활성화되면서 젊은 기술자들의 일자리가 늘어나자 산촌으로 돌아오는 청년들이 늘어나고 있다고 한다.

2. 자유로운 곡선을 가진 신소재 - GLT집성목재

GLT(Glued Laminated Timber)집성목재는 나무 조각의 결 방향을 서로 평행하게 붙여 만든 조립형 목재로 휨, 또는 압축 부재로 사용이 가능하다. 흔히 글루램으로 불리는데 목조건축에서 곡선부 연출과 아치형 목조구조물에 주로 사용된다.

CLT집성목 언론보도 내용

자료출처: 건설경제

내 생활비의 44%가 에너지 비용

현대사회를 살아가는 데 석유 에너지가 차지하는 비중은 매우 크다. 석유 에너지는 겨울철 난방, 자동차 원료, 전기를 생산하는 발전소의 원료는 물론 각종 석유 제품생산 등 다양하게 이용되고 있다. 우리의 생활비 중 44%가 에너지 비용으로 지출된다고 한다. 이 내용을 넓혀서 생각해 보면 우리나라의 1년 예산의 44%가 석유 에너지와 원자력, 수력 등 에너지 비용으로 지출된다는 결론이 나온다. 에너지 절약이 곧 돈을 모으는 길이라는 사실을 알 수 있다.

사람이 생명을 유지하는 데는 반드시 에너지가 필요하다. 신체 유지를 위한 밥, 빵과 같은 먹거리, 청결 유지를 위한 몸 씻기, 체온 유지를 위한 냉난방, 출퇴근 차량 운행 등 다양하다. 밥과 빵에는 벼와 밀을 재배하고 수확해서 최종적으로 내 입에 들어오기까지의 에너지가 포함된다. 이렇게 다양한 분야에서 소비되는 에너지를 한데 모은 것이 44%인 셈이다.

석유는 언젠가 고갈이 될 것이고 중동에서는 석유 전쟁이 계속되고 있다. 우리나라 석유공사에서는 외국에서 원유를 도입할 때 막대한 보험금을 국민의 세금으로 내고 있다. 만약에 있을지도 모르는 기름유출로 인한 해양생태계 파괴를 막고 이해당사자 보상을 위해서다. 심지어 유조선이 해적들이나 범죄조직에 납치 또는 탈취되지 못하도록 군대도 파견하고 있다.

또한 석유 에너지는 오일달러로 인한 폐해와 환경오염 주범 등 많은 문제를 안고 있다. 먼저 오일달러의 횡포를 들 수 있는데 오일달러는 산유국에서 석유를 팔아서 만들어진다. 이 오일달러를 가진 국가나 기업은 초기 유전개발비용에 비해 많은 수익을 내면서 이 돈을 이용한 새로운 사업 모델을 찾는다. 가장 활발하게 투자하는 것이 곡물, 육류, 금과 같은 귀금속 등인데 국제 선물시장에 뛰어들어 닥치는 대로 사들인다. 국제유가, 곡물과 금 시세 등을 쥐락펴락하고 있다. 필요 때문에 내 차에 기름을 넣었을 뿐인데 그들이 내가 아침에 먹은 밥상 물가를 쥐락펴락할 뿐만 아니라 세계 육류시장과 귀금속 시장에 큰손으로 작용한다. 지구의 허파로 불리는 아마존 밀림을 없앤 자리에 대규모 목장을 만드는가 하면 다이아몬드와 같은 귀금속을 캐기 위해 아마존 밀림 땅속을 고압 호스로 씻어 내어 밀림을 파괴하는 일들을 지금도 진행하고 있다. 넓디넓은 아마존강이 흙탕물로 신음하면서 강 속 어류의 생태계에도 변화를 가져왔다고 한다. 우리가 무심코 사용하는 석유 에너지를 줄여야 하는 이유가 여기에 있다.

목재 문화, 새로운 산업 아이콘

문화가 산업을 만든다는 말이 있다.

현재 우리나라의 겨울철 난방은 대부분 석유 에너지와 전기를 통해서 해결하고 있다. 그리고 농촌에서는 가끔 나무 땔감으로 난방을 하고 있는데 그 비율은 미미한 실정이다. 기름 한 방울 나지 않은 나라에서 버려지는 나무를 난방용 에너지원으로 개발한다면 석유 에너지의 수입대체효과는 물론 지구온난화 방지와 국내 경기 활성화에도 이바지하게 될 것인데 우리나라는 석유 에너지에 너무 편중되어 있다는 생각이 든다. 현재 정부에서는 화목보일러를 설치하는 가정에 보조금을 지원하고 있다. 화목보일러 원료는 장작이 아니라 톱밥을 고온에서 압축하여 만든 목재펠릿이다. 실내 난방용 목재펠릿 스토브도 보급되고 있으나 수요가 너무 적어 석유 에너지로부터의 자립은 아직 멀다고 하겠다.

국내 목재산업 활성화를 위한 '목재의 지속가능한 이용에 관한 법률'을 통해 공공기관의 국산 목재 의무 사용을 권장하고 있지만 국산 목재 사용은 미비하다. 국산 목재의 이용률을 높이기 위해서는 목재 소비문화 확산을 위한 국민적 공감대를 넓히는 한편 국산 목재 의무 사용 위반 공공기관에 대한 처벌 규정을 마련해야 할 것이다. 공공기관에서 목재 의무 사용에 앞장서야 녹색 일자리도 늘어난다. 자동차의 나라 독일에는 자동차 관련 일자리보다 목재생산 일자리가 훨씬 많다고 한다. 우리나라도 임업 선진국으로 발전해서 나무와 숲을 기반으로 하는 새로운 성장동력과 녹색 일자리가 더 많이 만들어져야 한다.

돈이 되는 석유 에너지 배설물 – 탄소

우리는 지구온난화 책임을 석유 에너지의 과다 사용에만 돌리고 있다가 석유 에너지가 만들어 낸 열기를 식히고 미세먼지를 걸러 줄 숲이 사라지면서 지구온난화가 더욱더 가속화되었다는 사실을 깨닫게 된 것은 최근이다. 여름철 도시 열섬화로 인해 열대야가 계속되는 이유도 도심에 숲이 없기 때문이다. 사람들은 석유 에너지를 줄이기 위해서 탄소배출권 거래 제도를 만들어 숲을 가꾸고 조림을 확대해서 탄소흡수원으로 활용하기 위한 다각적인 시도를 하고 있지만, 탄소배출권 거래량은 미미한 수준이다.

자연이 수천 년 동안 만든 숲을 없앤 자리에 사람들이 새롭게 만든 토양 위에 주변 환경과는 전혀 어울리지 않는 나무 몇백 그루를 심었다고 해서 숲의 기능이 살아났다고 할 수는 없다. 자연이 만든 숲은 400가지 이상의 역할과 기능을 하고 있다고 했다. 이런 다양한 기능 중에는 물을 만드는 기능이 매우 큰 부분을 차지한다. 인공으로 조성된 숲이 과연 물을 만들고 탄소흡수원 기능을 발휘할 수 있을지는 의문이다.

목재 에너지
사용으로 부자 되기

에너지 소비율과 가난

 우리는 매일매일 쉴 새 없이 일하는데도 왜 부자가 되지 못하는 것일까? 아니 부자가 아니라 왜 항상 돈이 부족한 상황에 내몰리는 것일까? 돈벌이를 위한 과로와 피로에 지쳐 살면서도 정작 돈이 모이지 않는 이유는 무엇일까? 직장생활을 시작하면서 자동차를 사니 주변에서 "너는 돈은 다 모았다"라고 했다. 자동차로 생활은 편리하지만, 반대급부로 자동차 유지에 많은 돈이 들어간다는 이야기였다. 실제로 적지 않은 돈이 자동차 유지에 들어갔다. 우리가 매달 지출하는 생활비의 44%가 에너지 소비에 들어간다고 한다.
 2015년도 일본에서 발간되어 화제를 모은 '숲에서 자본주의를 껴안는다'라는 책의 내용을 간단히 소개하고자 한다. 저자는 일본의 수도 도쿄에서 살다가 우연한 기회에 지방의 한 도시에서 직장생활을 하게 된다. 이 일이 전화위복이 되었다고 한다. 큰 도시에서는 돈을 많이 벌어도 저축이 되지 않았는데 지방으로 직장을 옮기고 나서는 오히려 돈은 적게 버는데도 저축이 늘어나는 현상을 경험한다. 이후에 알게 된 사실이 우리 생활비 중 약 44%가 에너지비용이라는 것이었다. 아울러 현재 우리가 사용하고 있는 에너지를 나무와 같이 목질계 바이오에너지를 쓴다면 석유 에너지 의존도를 크게 낮추면서 외화 절약은 물론 우리 집 생활비도 아낄 수 있다고 조언한다. 그럴 뿐만 아니라 나무를 땔감으로 사용하기 위해 나무를 자르고 운반하는 데 일자리도 만들어진다고 한다. 사정이 이런데도 나무 땔감들이 우리 주변에는 썩고 있다고 작가는 한탄한다.

또, 산촌에서 고부가 목재 가공으로 인한 일자리 창출과 목재 가공 과정에서 발생한 목질 바이오매스를 태워서 전기와 열을 생산하여 에너지 자립을 추구한다. 그래서 산촌이 부자가 되고 이웃이 더불어 잘사는 산촌 자본주의를 표방한다. 필자는 2019년 사무실 직원들과 가족이 함께 책에 나오는 도시 일본 오카야마시를 다녀왔다.

로케트스토브로 나무 땔감의 에너지 밀도 높이기

필자는 석유 에너지로부터의 자립을 위해 전 세계 70억 인구가 나무 땔감으로 조리와 난방을 하는 것을 원하지 않으며 최근에 화력발전소에 에너지 밀도가 낮은 목질계 바이오매스를 원료로 사용하는 것도 다시 생각해야 한다고 본다. 만약 전 세계 인구가 나무를 이용해서 조리와 난방, 전기에너지를 해결한다면 지구의 숲은 순식간에 사라질 것이다. 이때 숲만 사라지는 것이 아니라 산사태로 매몰된 강과 하천 생태계도 함께 사라진다. 메워진 강은 홍수에 아무런 역할을 하지 못하고 여름철만 되면 마을이 침수되는 피해를 입게 된다. 매년 여름철 홍수에 취약한 북한을 보면 숲이 보전되어야 하는 이유를 타산지석으로 삼을 수 있다.

다만 이 글에서 목재 에너지 사용으로 부자 되기와 석유 에너지로부터 자립을 이야기하는 것은 산촌에서는 주변에 버려지는 나무들이 산불이나 산림병해 발생의 진원지가 되기 때문에 나무 땔감을 에너지원과 불멍, 원적외선 등 힐링 소재로 사용하자는 것이다.

여기에 더해 나무의 에너지 밀도를 조금이나마 높이기 위한 도구인 로켓스토브는 상품화가 가능하므로 임업 분야의 새로운 시장성도 소개한다. 필자는 로켓스토브를 접한 후에 바로 직장동료 2명과 함께 동아리를 만들어 녹슨 철제파이프로 시험 제작에 들어갔다. 대학 시절 아르바이트를 하면서 배워둔 용접기술이 요긴하게 쓰였다. 처음에는 네모난 쇠 파이프를 자르고 용접해서 만들었는데 아궁이 역할을 하는 연실이 너무 좁아 나무를 조금만 넣어도 재가 넘쳐서 화력을 높일 수 없어서 실패하고 말았다. 다음으로 지름 20㎝ 정도 되는 원통형 파이프를 이용하여 만들었는데 지금까지 잘 활용하고 있다.

로켓스토브라는 이름은 불을 지피면 연실 입구와 위쪽 굴뚝 사이에서 발생하는 대기압으로 불꽃이 마치 로켓엔진 불꽃처럼 높게 솟구치면서 불이 세지는 현상을 보고 붙여졌다고 한다. 불꽃이 한곳으로 모여지면서 화력 세다 보니 음식이 빨리 조리된다. 로켓스토브로 라면이랑 고기를 구워 먹어본 우리 아이들과 지인들은 나무 땔감으로 끓인 라면이 가스나 전기를 사용하여 조리한 요리한 것보다 훨씬 맛있다고 엄지척해주었다.

우리나라 어느 학교든 나무가 자라고 있는데 마른 나뭇가지나 죽은 나무가 운동장 구석에 방치되고 있다. 이 나무들은 미관상 좋지도 않고 자칫 어린이들의 불장난으로 불이 날 위험도 있다. 이러한 나무를 이용해서 나무 땔감으로 요리를 하는 방법을 가르친다면 버려지는 목재 자원 활용은 물론 화석에너지 자립에 대한 소중한 체험의 기회도 가질 수 있다고 생각한다.

현재 캠핑용 로켓스토브는 소형제품이 판매되고 있어 쉽게 구매할 수 있다. 하지만 대용량 로켓스토브는 수요가 없어 시중에서 판매하는 제품은 없는 실정이다. 많은 사람이 로켓스토브에 매력을 느껴 직접 제작해서 사용하고 있는데 어떤 사람들은 목욕물이나 온돌을 데우는 데도 사용하고 있다. 에너지자립과 지구온난화 예방을 위해서 로켓스토브를 사용하는 사람들이 늘어난다면 조만간 소비자 눈높이에 맞춘 다양한 제품을 등산용품점에서 쉽게 구입 할 수 있을 것이다.

가짜뉴스 - 나무 연기가 미세먼지의 주범

먼저 나무와 같이 목질계 바이오에너지를 사용하면 석유에너지보다 연기가 많이 나서 미세먼지를 더 많이 배출한다고 잘못 알려진 내용에 관해 설명하고자 한다. 나무가 탈 때 배출되는 연기 속 일산화탄소는 가스중독을 일으켜 문제가 되기도 하지만 미세먼지는 석유 에너지가 탈 때 나오는 양에 비해 아주 적거나 거의 없다고 할 수 있다. 오히려 나무가 탈 때 나오는 연기와 목초액은 이로운 물질로서 병해충 구제는 물론 친환경 농약의 원료가 된다. 땔감용 장작은 1년 정도 잘 건조된 활엽수가 좋고 침엽수는 송진으로 인한 그을음 발생이 심하다.

다음으로 석유 에너지가 우리 집 주방이나 난방장치까지 오기까지 사용된 탄소발자국 이야기이다. 석유 에너지는 시추와 저장, 유조선을 이용한 원거리 운반, 하역과 저장, 원유정제와 탱크저장, 저온 냉각, 주유소 또는 아파트단지까지 배달 등 다양한 경로로 탄소발자국과 미세먼지도 잔뜩 내뿜는다. 하지만 나무 땔감은 장소에 따라 인력으로 운반하여 사용할 수도 있다. 나무를 난방용 또는 조리용 에너지로 사용할 때 많은 미세먼지가 나온다는 가짜뉴스가 만들어지지 않도록 정부 차원의 나무 연기의 유해성

기초연구가 진행되어야 하겠다.

필자가 만든 로켓스토브 – 화력이 정말 대단하죠.

임활과
청년 일자리

대한민국 최초의 임활

 대학 시절 여름방학이 되면 동아리 단위로 농활을 가는 친구들을 보면서 매우 부러웠다. 필자는 농활을 가 본 적이 없다. 그때 나무와 숲을 공부하는 임학도로서 산촌으로 봉사활동을 떠나는 임활-임업 봉사활동-은 왜 없는지 궁금했었다. 임활이라면 참여할지 모르겠지만 농업에 종사하는 부모님 농사일을 도우면서 학교에 다니던 터라 농활에는 참여하지는 않았다. 언제가 기회가 되면 임업인과 교류할 수 있는 임활을 만들어 보겠다는 마음을 먹고 있었다.
 오랜 기다림 끝에 대학원 석사과정을 다니던 중 학과 모임에서 임활에 대한 의견을 냈는데 경상대학교 김의경 교수님께서 적극적인 관심을 보여주셨다. 그렇게 해서 전국에서 처음으로 2박 3일간의 대학생 임활이 열렸다. 장소는 하동군 청암면에 있는 김용지 독립가님의 숲과 근처에 있는 임업후계자 표고버섯 농장 등을 선정했다.
 임활에는 경상대학교 산림자원학과 3학년생이 참여했는데 여름방학이 아니라 학기 중에 참여하는 것이 농활과 달랐다. 사실 임업체험에 가깝다고 볼 수도 있었지만, 대학교에서 산림자원학을 전공하는 학생들에게 임업인과 산촌의 현실을 보여주는 기회로 만들어 보고자 했다. 농활은 농민과 연대를 통해 교감을 나누면서 농촌의 부족한 일손을 도와주는 데 보다 임활은 산림계획 수립과 벌채, 목재반출 등 임업체험과 산촌 일손 돕기를 동시에 할 수 있도록 한 것 역시 농활과는 다른 점이다. 숙식은 인근 마을 회관에서 해결하였고 필자도 2박 3일을 대학생들과 함께 생활했다.

임활 첫날에는 독립가의 편백림에서 산림경영계획을 작성하고 솎아야 할 나무를 대학생들이 직접 기계톱으로 벌목작업을 했다. 벤 나무를 적당한 길이로 자르고 임도까지 내리는 하산 작업에도 직접했다. 이 작업에는 수라로 불리는 플라스틱 미끄럼틀을 이용하였는데 대학생들은 이 미끄럼틀의 기능과 설치 방법도 배웠다. 저녁에는 임활에 참석한 대학생들과 하동군청 산림녹지과 정진순 담당 계장님과 공무원 선배와 만남을 통해 녹지 직 공무원이 되는 방법과 공무원이 되면 무슨 일을 하는지 등에 대한 많은 정보와 의견을 나누었다.

이 만남이 동기부여가 되었던지 이때 임활에 참여했던 대학생 중 여러 명이 산림조합 직원과 녹지 직 공무원이 되어 필자와 함께 나무와 산을 가꾸는 길을 나란히 걷고 있다. 가끔 그들을 만날 때면 반가운 마음에 서로의 입가에 미소가 번진다. 아마 대한민국 최초의 임활을 함께한 동질감을 느껴서일 것이다.

둘째 날 오전에는 편백림에 만들어진 임도를 견학하면서 그 역할과 시공 방법을 배웠다. 오후에는 근처 임업후계자 표고버섯 재배농장을 방문해서 버섯 따기 봉사활동을 하면서 임업인의 삶을 체험하고 일손을 도왔다. 대학생들은 직접 수확한 표고버섯으로 샤브샤브와 탕수육 요리를 만들어 맛있게 먹었다. 저녁에는 독립가와 하동군 임업후계자와 만남을 통해서 우리나라 임업 최일선에서 산을 가꾸면서 살아가고 있는 임업인의 애환과 우리 임업의 미래에 대한 소중한 말씀을 들었다. 이날 저녁에 함께 마신 막걸리 맛은 지금도 그립다.

마지막 날에는 임업후계자가 운영하는 참숯을 생산 관광농원을 방문하여 참숯과 목초액이 만들어지는 과정을 현장에서 직접 보고 느끼는 체험을 했다. 이 농원에서 점심으로 비빔밥을 먹고 근처에 있는 지리산 양수발전소 상부댐 견학을 마친 후 임활에 참여한 대학생들의 소감을 듣는 것으로 제1회 대한민국 최초의 임활이 막을 내렸다.

이후 임활은 2년간 더 유지되었지만, 필자가 경남도청으로 발령이 나면서 그 맥이 끊어져 지금도 아쉬운 마음이 많이 든다.

고소득 전문 임업인을 육성하자

우리나라의 임업을 이끌어나갈 대학생들에게 소중한 산촌체험과 봉사의 기회를 마련해 주는 임활은 반드시 계속되어야 한다고 생각한다. 임활이 단순하게 대학생들의 체험단계를 넘어 산림 분야를 전공한 대학생들이 산촌에 정착해서 우리나라 임업을 이끌어 갈 수 있도록 해야 임업 분야에 경쟁력이 생긴다고 생각한다. 현재 고령화와 영세한 산림경영기반으로 침체의 길을 걷고 있는 산촌에 청년들의 젊은 피가 수혈될 수 있는 산림정책이 필요하다.

현재 우리나라 임업 현장에는 기계톱 전문기능인들의 고령화로 작업능률이 낮고 안전사고 위험이 커 세대교체가 절실한 실정이다. 하지만 열악한 근무조건으로 젊은 사람들이 기피 하면서 기계톱 전문기능인 양성이 되지 않고 있다. 이대로 가면 우리나라도 외국인 벌목 전문기능인이 우리 산림을 가꾸게 될 전망이다. 러시아에서는 외화벌이가 필요한 북한의 벌목기능인들을 고용해서 시베리아 타이가 지대의 산림을 가꾸고 있다고 한다.

독일과 같은 임업 선진국은 임업 장비 기계화 및 현대화로 부족한 인력을 대체하고 있다. 우리나라에서도 임업 장비 기계화에 앞장서는 한편 임업인 및 산림자원 관련학과 대학 졸업생 중에서도 고액의 연봉을 받는 임업 기계장비 운영자가 많이 나올 수 있도록 전문가 양성에 힘써야 한다. 임업 현장에 스마트 집재기, 타워야드, 스윙야드 등 고가의 목재 수확과 수집에 필요한 고가의 외국산 장비가 보급되어 있지만, 전문가가 없어 제대로 활용되지 못하고 있는 현실이다.

제재소에서도 나무를 켜는 전문기술자 부족에 시달리고 있다. 제재 기계를 다루는 숙련공은 연봉이 너무 높아서 직원으로 고용하지 못하고 높은 일당을 주고 당일 고용을 하는 형편이라고 한다. 남과 똑같은 일을 하면서 경쟁에 내몰리기보다는 고액의 연봉을 받는 임업 전문기능인이 되는 것도 직업을 선택하는 좋은 방법이 될 수 있다. 임업 장비를 잘 다루는 일은 외국에서는 선망의 대상이다. 자동차의 나라 독일에는 임업 분야 종사자가 자동차산업 종사자 보다 많다고 한다. 하지만 임업 기계를 다루는 일이 내 적성에 맞는지 어떤지는 직접 체험을 해봐야 알 수 있다. 독일의 임업 회사는 인턴제도를 통해서 관련 대학 졸업생들에게 다양한 직업 체험 기회를 제공하고 있다.

우리나라 임업의 미래를 이끌어 나갈 젊은이에게 임업과 산촌에 대한 다양한 직업체험 기회를 마련해 줘야 한다. 임업 현장에 젊은 사람이 많아져야 우리나라 임업의 국가경쟁력이 높아질 수 있다. 필자는 그 첫걸음이 임활이라고 본다. 전국의 많은 임업 현장과 산촌에서 임활이 부활되어 임업과 산림 관련 학과에 재학 중인 고등학생과 대학생, 일반인에게도 산촌체험 기회를 제공하였으면 좋겠다.

대한민국 최초의 '고등학생 임활'을 꿈꾸다

작년 2월에 경북 안동에 사는 친구에게서 뜻밖의 전화를 받았다. 친구의 딸이 우리나라에 하나밖에 없는 한국산림과학고등학교에 합격했는데 난대수종을 좀 보고 싶은데 도와 달라는 것이었다. 마침 필자가 근무하던 경상남도수목원에는 다양한 난대수종이 자라고 있다고 했더니 멀리 경상북도 안동에서 진주시까지 내려와 필자와 만났다. 함께 편백과 화백도 비교해 보고 동백나무가 자라고 있는 난대식물원도 둘러보고 나무와 숲에 대한 많은 이야기를 나누었다. 친구 딸에게 어떻게 경남수목원까지 견학을 오게 되었나 물었더니 대답이 걸작이었다. 우리나라에 하나뿐인 특성화 고등학교에 입학을 앞두고 나니 난대수종이 뭔지 알고 싶은 마음이 생겼고 아빠에게 부탁해서 먼 이곳까지 나무를 보러 오게 되었다고 말했다. 어린 나이지만 자신의 미래에 대한 자기 주도적 선택과 배우고자 하는 열정을 지닌 것을 보니 참 고맙고 대견스러웠다. 이런 학생들이 있기에 우리나라는 좀 더 빨리 임업 선진국으로 발돋움할 것이다.

앞에서 대학생 임활에 대해 이야기했지만 이제 고등학생들에게도 임활의 중요성을 알릴 때가 되었다. 기회가 되면 산림고등학교 학생들과 대한민국 최초의 '고등학생 임활'을 해보고 싶은 욕심이 생겼다. 경상북도에 있는 산림과학고등학교 학생들은 평소 다양한 난대식물을 접해볼 기회가 없는데 이 학생들과 난대식물자원의 미래를 주제로 임활을 진행한다면 이들은 대한민국이 필요로 하는 임업 전문가로 거듭날 것이기 때문이다.

현재 대한민국에 청년 일자리가 없다고 아우성이지만 사방댐 설치, 숲 가꾸기, 조림, 병해충방제 등 각종 산림사업 설계와 시공, 목재생산을 위한 임업 기계장비 오퍼레이터, 목구조기술자, 양묘 및 수목 분류, 산림복지 교육기관 운영자, 산림교육 전문가, 정원 설계 및 시공 등 임업 분야에는 청년 일자리가 무궁무진하다고 말하고 싶다. 다양한 기회를 통해서 대한민국 청년들이 나무와 숲, 산과 임업을 통해서 건강한 일자리를 찾을 수 있기를 바란다.

식물학명과
국가 자존심

학명(學名)

　학명은 지구상에 살아가는 동물과 식물을 체계적으로 분류하고자 종마다 표준화된 이름을 붙여서 세계적으로 사용하는 것을 말한다. 학명의 작성은 국제적인 명명규약에 따라야 하는데 어떤 생명체의 이름을 표기할 때 '속명과 종명, 명명자' 3가지 항목으로 표기되는 이명법이 사용된다. 이명법은 1758년에 식물학의 아버지로 불리는 스웨덴 식물학자 린네가 확립하여 오늘날에 이르고 있다.

　학명 표기법에서 속명은 그 어떤 종과 가장 유사한 종끼리 모은 것으로 사람으로 보면 친인척 관계 정도로 보면 될 것이다. 다음은 종명인데 말 그대로 그 동식물의 고유한 이름으로서 그 종의 특징을 가장 잘 나타낼 수 있는 이름을 담는다.

　영국은 산업혁명 이후 제품생산에 필요한 원료의 안정적인 수급과 생산한 제품의 소비처를 만들기 위하여 전 세계에 수많은 식민지를 만들었다. 때마침 서구열강들의 식민지 건설이 가속화되면서 나라마다 언어가 다르고 어떤 식물 종을 부르는 이름이 제각각이다 보니 자연스럽게 통일

된 이름 즉, 학명이 필요하게 된 것이다.

전 세계에서 우리나라에서만 자라고 있는 구상나무의 학명은 *Abies koreana* Willsen인데 *Abies*는 전나무 속을 나타내고 *koreana*는 대한민국 특산종을 나타내는데 전 세계에서 *koreana*만 보아도 한국을 대표하는 식물이구나 하고 알 수 있다. Willsen은 이 식물을 처음으로 발견하여 세계식물분류학회에 보고한 사람으로 그 이름을 명명자로 붙인다. 하지만 학명의 종명에 어떤 나라의 이름만 붙어 있다고 그 나라에만 자라는 특산식물이라고는 할 수는 없다. 우리가 잘 알고 있는 동백나무의 학명은 *Camellia japonica*이다. *japonica*는 일본을 나타내고 있지만, 우리나라에도 동백나무 자생지가 있다.

이처럼 학명에는 종종 오류가 발견되기도 하는데 이는 당시 국가 간의 정보교환이 어렵다는 이유도 있었다. 하지만 전 세계적으로 우리나라 중북부지역에서만 자라는 금강초롱꽃(*Hanabusaya asiatica* Nakai)처럼 식물학명을 붙이는 학자의 지나친 욕심과 오만으로 인해 그 나라의 특산종임을 알 수 없도록 만든 경우도 있다. 일본 초대 공사인 *Hanabusaya*는 금강초롱꽃과 아무런 연관이 없는 일본사람 이름이다. 이처럼 우리나라의 식물학명 중에는 나라 잃은 슬픔이 고스란히 남아 있는 것들이 여럿 있다.

일본 역시 서구열강처럼 식민시 건설에 나서면서 당시 우리나라를 비롯한 동남아 여러 나라를 강제 점유하고 식물조사에 나서게 된다. 우리나라에서 자라고 있는 식물학명의 명명자에 일본사람 Nakai가 많은 이유가 여기에 있다. Nakai는 당시 일본 식물학자로 우리나라 식물자원조사에 참여했다. 또한 일본이 2차 대전 당시 인도네시아를 점령하면서 이 나라를 대표하는 세계적인 열대식물원인 보고르식물원 원장을 역임하기도 했다. 인도네시아 식물원도 나라 잃은 아픈 역사를 간직하고 있는 셈이다.

과거에는 식물학명이 우리 국민들의 자존심을 건드렸다면 현재에는 로열티가 자존심을 건드리고 있다. 일본은 채소원예, 과수원예, 화훼원예 등 다양한 분야에서 새로운 식물품종을 개발하여 국제품종 등록을 마쳤다. 사정이 이렇게까지 된 데는 1998년도에 있었던 IMF 구제금융 때 우리나라 알짜배기 종묘회사들이 외국에 헐값에 매각되면서부터이다. 그 내막은 다음 장에서 자세히 소개하기로 하고 학명 이야기를 좀 더 해보고자 한다.

커피나무 : Coffea arabica

현재 우리나라는 커피 공화국으로 불릴 만큼 커피를 많이 마신다. 창업하는 가게는 죄다 커피전문점이라고 해도 과언이 아니다. 영화배우 안성기 씨가 나오는 커피 광고를 보면 커피를 한 모금 마신 뒤 "깊은 아라비카 향"하고 말한다. 하지만 사람들은 아라비카가 무슨 뜻인지 모르고 있는 경우가 많은데 아라비카는 커피의 학명 'Coffea arabica' 에서 온 말이다. 결국 '깊은 커피 향' 이 된다. 거리를 지나다 보면 '아라비카 커피전문점' 이라든가 '아라비카 커피농장' 이라는 간판을 자주 보게 되는데 해석이 잘못된 것이다. 이왕 커피 학명이 나왔으니 커피와 관련된 건강과 경제에 관한 이야기를 해보고자 한다. 한때 헤이즐넛 커피가 유행한 적이 있다. 헤이즐넛은 개암나무 열매를 말하는데 커피에 비싼 헤이즐넛 향을 입혀서 판매한 이유가 따로 있다고 한다.

커피나무는 적도 근처에서 자라는 열대식물로 커피콩이 익으면 수확 후 건조를 거쳐 컨테이너 화물선에 실어 수출을 한다. 하지만 날씨가 워

낙 더운 지역이다 보니 컨테이너에 실린 커피콩이 고온에 노출되면서 커피콩 특유의 향과 맛을 잃어버리는 경우가 종종 있다는 것이다. 수입회사는 비싼 돈을 들여 수입한 커피콩이 그 기능이 상실되면서 큰 손해를 보게 된 것이다. 하지만 손해를 만회하고자 향이 없어진 커피에 헤이즐넛으로 불리는 개암나무 열매에서 얻은 향을 입혀서 헤이즐넛 커피를 만든다고 한다. 만약 헤이즐넛 커피를 만드는 과정에서 본연의 커피 향이 남아 있다면 헤이즐넛 향이 제대로 입혀지지 않아 상품성이 떨어지게 된다. 따라서 헤이즐넛 커피의 향을 지키기 위해서 굳이 돈을 들여 커피 향을 제거할 이유가 없으므로 운반과정에서 향이 사라진 커피로 만들었다는 말이 사실로 입증된 것이다. 똑똑한 소비자들이 이 내용을 알고 불매에 들어가면서 우리 주변에서 헤이즐넛 커피를 보기 힘들어졌다. 고급화된 소비자의 입맛에 맞도록 커피콩을 수입하는 업체에서는 비용을 좀 더 지급하더라도 냉장 컨테이너로 커피콩을 수입한다면 향과 맛이 살아 있는 커피콩이 우리 주변에 넘쳐날 것이다. 소비자가 똑똑해진다면 질 좋은 커피를 매일 맛볼 수 있지 않을까.

감나무 : Diosopiroso kaki

요즘 옷 색깔을 구분할 때 '카키색'이라는 말을 자주 듣는다. 카키색은 무슨 색이냐고 물으면 짙은 국방색이라고도 하고 감색 또는 쑥색이라고 하는 사람도 많다. '카키'라는 말은 감나무의 학명 *Diosopiroso kaki*에서 유래했다.

감나무의 학명 중 속명인 *Diosopiroso*는 신의 과일이라는 뜻을 가지고 있으며 종명인 *kaki*도 감을 뜻하는 프랑스어에서 왔다. 영어로는

persimmon, 한자는 柿(시), 일본어는 柿^{かき}(카키)라고 표기한다. 일본에서는 유럽을 동경한 나머지 감을 표기할 때 한자 柿(시) 대신 카키라고 부르고 있다. 일본산 의류제품이 우리나라에 들어오면서 카키색이라는 단어가 널리 퍼진 것이다. 카키색은 풋감의 짙은 녹색 때문에 탄생했다고 보면 될 것이다. 감은 타닌 성분이 많아 염색이 잘 되는데 감물을 들인 천의 색을 보고 카키색이라고 말하는 사람들도 있는데 감물을 들인 색깔은 황갈색을 띤다. 감나무는 신의 과일이라는 말에 걸맞게 과거는 물론 현재에 이르기까지 정말 아낌없이 주는 유용한 과일나무다. 감 이야기가 나온 김에 우리 조상들의 감 활용법을 몇 가지 소개하고자 한다.

보릿고개 시절 아이들은 초복을 손꼽아 기다렸다. 초복이 지나서 감나무에서 떨어진 열매는 먹을 수가 있기 때문이다. 초복을 지나면 감은 매일 몇 개씩 떨어지는데 아이는 물론 어른들의 훌륭한 간식이었다. 떨어진 감은 여름철 더운물에 담가두면 떫은맛이 사라지는 탈삽이 이루어진다. 추석을 앞두고는 생감을 따서 잘 씻은 후 장독에 채운 다음에 따뜻한 물을 부어 온돌방 아랫목에 두고 두꺼운 이불을 덮어 따뜻한 온도를 2~3일 유지하면 떫은맛은 사라지고 단맛이 난다. 맛이 꽤 괜찮은데 단감과는 다른 맛을 느낄 수 있다.

늦가을이 되면 감나무 잎이 서리를 맞아 모두 떨어지고 붉은색 감만 달려있게 되는데 장대로 감을 따서 곶감이나 감말랭이를 만든다. 나머지 감은 장독이나 대바구니에 담아 곳간에 보관해 두면 홍시가 된다. 이 홍시는 제수용 과일로 사용하거나 비타민이 부족한 겨울철 온 식구가 간식으로 먹었다. 호랑이가 제일 무서워한다는 곶감은 겨울철 별미 중의 별미다. 문제는 감에는 타닌 성분이 많아 너무 많이 먹으면 변비에 잘 걸린다는 점이다. 어릴 때 홍시를 너무 많이 먹는 바람에 변비에 걸려 관장을 한 기억도 있다.

사실 단맛이 많고 식감이 좋은 단감을 두고 왜 굳이 떫은 감을 탈삽해서 먹는 소리를 하는가 하면 여기에는 두 가지 이유가 있다. 먼저 현재 우리나라에 판매되는 단감 품종은 대부분 일본에서 육종된 품종으로 많은 로열티를 지급하고 있다. 우리가 단감을 열심히 먹어주면 당연히 우리나라 농가들에는 좋은 일이지만 그 단감 품종을 육종한 일본 등 외국 기업에도 로열티가 지급된다는 점을 알리고자 한다. 우리나라에서 개발된 단감 품종은 '로망' 등이 있다.

심시감은 따뜻한 소금물과 식초에 절여 놓았다가 먹으면 그 맛이 일품이다. 어린 시절 큰집인 5촌 당숙 댁에서 제사가 있을 때면 이 절인 감을 맛볼 수 있었는데 진주 지역에서는 '심시감'으로 불렀다. 이 맛이 그리워 진주 중앙시장에서 사 먹어보았는데 급하게 절인 탓에 떫은맛이 느껴지는 것이 그 옛날 당숙모가 담가 주시던 맛이 나질 않아 못내 아쉬웠다. 마지막으로 감밥을 지어먹는 것이다. 감밥은 외할머니가 가끔 해주시던 별미로 떫은 감이 홍시가 되기 전에 따서 껍질 채로 얇게 썰어 찹쌀 위에 얹고 밥을 지으면 된다. 밥이 되면서 감의 떫은맛은 감쪽같이 사라지고 단맛이 깊게 배인 감밥이 된다.

타닌은 천연 항암물질

최근에 의학계에서는 감이나 밤의 속껍질과 같이 떫은맛을 내는 타닌 성분에 주목하고 있다고 한다. 타닌을 묽은 산과 가열하면 가수 분해되어 '엘라그산'이 생성되는데 이 성분이 항산화, 항증식, 항암 작용에 효과가 있는 물질로 밝혀진 것이다. 필자는 우리가 타닌 성분이 든 음식을 섭취하면 위에서는 소화를 위해서 위산이 분비되고 36.5℃의 체온이 가열해주기 때문에 '엘라그산'이 자연적으로 생성되어 몸에 좋다고 믿고 있다. 옛말에 '몸에 좋은 것은 쓰다' 라는 말이 있었는데 이제는 '몸에 좋은 것은 떫다' 라는 말로 바꿔야 할지도 모르겠다. 감, 밤, 아로니아와 같이 떫은맛을 내는 과일을 많이 먹어서 농촌경제도 살리고 건강도 지키면 좋겠다. 이 밖에도 우리나라 사람들에게 인기가 많은 양주 중 하나인 '주니퍼'는 향나무 열매로 만들기 때문에 학명 *Juniperus chinensis* 에서 유래했다. 항암제로 사용되는 '택솔'이라는 약은 주목 열매에서 추출했기 때문에 학명 *Taxus cuspidata* 에서 왔고 우리나라를 대표하는 인터넷 기업 Kakao는 초콜릿의 원료가 되는 나무인 카카오의 학명 *Theobroma cacao* 에서 왔다.

  사람들은 식물의 학명을 어렵게 알고 있다. 하지만 조금만 더 관심을 가지고 관찰하고 학습한다면 전 세계적으로 통용되는 암호를 해독하는 재미를 느낄 수 있을 것이다. 학명은 그 식물이 가지고 있는 대표성을 함축해서 붙이기 때문이다. 식물의 학명을 공부하다 보면 서구의 식민지 개척과 식물약탈 전쟁사를 대변하는 수많은 사연과 아픔이 간직되어 있다. 아울러 피식민지 국가와 국민의 자존심과 애환도 느껴볼 수 있다.

  최근에는 산림경영과 산림복지 분야, 정원 등 다양한 분야에서 수목 분류 전문가의 수요가 증가하고 있다. 하지만 실용주의 확산으로 대학에서도 기초학문이라고 할 수 있는 수목 분류 전공과목이 사라지고 있다. 잘못된 나무 이름 사용으로 인해서 발생 되는 사회적 비용도 날로 늘어나고 있어 대책이 필요하다고 본다.

식물 종자 전쟁, 국가적 대비가 필요하다.

식물 종자 전쟁

 언론에서 우리나라에서 재배되는 외국 품종에 로열티(사용료)를 내고 있다는 말을 자주 듣는다. 이는 우리나라가 2002년도에 국제식물신품종 보호동맹을 맺으면서부터 여태 공짜인 줄만 알았던 외국산 식물품종에 사용료를 지불하고 있기 때문이다. 로열티는 요즘 국가적 또는 사회문제가 된 지적 재산권 보호제도와 유사한 개념으로 이제 남의 나라 씨앗은 단 한 알이라도 함부로 이용할 수 없는 식물 종자 전쟁 시대가 시작되었다고 보면 된다. 다른 나라에서는 이미 오랜 기간에 걸쳐 치밀하게 준비를 해왔지만 우리는 국제적 흐름에 대한 정보수집에 뒤처져 무방비로 식물 종자 전쟁을 맞게 되었다.
 우리가 식물 종자에 대한 중요성을 인식하지 못하고 있는 사이 다른 나라들은 식물 종자 수집·분석 등에 얼마나 많은 관심과 노력을 기울여 왔는지, 그리고 이미 시작된 국제적 식물 종자 전쟁에서 살아남기 위해 어떤 국가적인 대책이 필요한지 알아보자.

식물자원은 나라를 부강하게 만든다.

 현대 산업사회의 태동을 일컫는 산업혁명이 18세기 영국에서 있었다는 사실을 모르는 사람은 없을 것이다. 하지만 그보다 앞서 유럽 특히 영국에선 또 하나의 혁명이 있었다. 16세기부터 외국의 희귀한 식물들을 자국 내로 들여온 것이 그것이다. 이것이 오늘날 국제적 식물 종자 전쟁의 시초가 된 것이라고 할 수 있다. 이때 시작된 영국의 희귀식물에 대한 수집은 유럽에 자생하는 식물 종이 대부분이었으나, 17세기에는 식민지 건설이 확대되면서 세계 각국의 다양하고 희귀한 식물들을 유럽으로 들여왔다. 당시 희귀한 식물로 대표되는 튤립 구근 한 개의 값이 무려 집 한 채 값을 호가하는 등 사회문제가 되기도 했다. 문화가 산업을 이끈다는 말처럼 유럽의 정원문화는 식물 관련 산업을 크게 번성시켰다. 이때 열대지방에서 도입된 식물들이 얼어 죽지 않는 환경을 만들기 위해 유리온실도 처음 만들어졌다.

 18세기 들어 산업혁명으로 경제적 지위가 높아진 영국의 귀족들이 정원문화라는 고품격 생활패턴을 지향하면서 희귀식물을 통한 정원 꾸미기가 성행하였고 이 문화는 오늘날까지 계승되고 있다. 영국 왕실에서도 식물자원의 가치를 인정하고 1804년 영국 왕립원예학회(RHS)를 설립하여 식물에 대한 체계적인 분류를 하게 되었고 식물수집가들을 전 세계에 파견하여 식물수집에 열을 올렸다. 원예품종을 육종하는 기업에서도 식물수집가들을 앞다투어 파견하여 세계의 희귀식물들을 영국으로 들여왔다. 이처럼 영국은 식물약탈에 열을 올렸고 이들 식물에서 얻은 공업원료들을 상품화해서 식민지 건설에 필요한 자원을 조달했다. 반면, 스페인과 바이킹 민족으로 잘 알려진 포르투갈은 식민지에서 금이나 은과 같이 귀금속을 약탈하여 이를 자본으로 식민지 건설을 확장해 나갔다.

당시 식물자원 중 고무, 퀴닌, 차는 각각 공업원료, 말라리아 치료제, 기호식품으로 상품화되어 막대한 경제적 가치를 창출하면서 영국을 해가 지지 않는 나라로 만드는데 든든한 자금줄이 되었다. 지금도 영국이 식물분류, 식물표본, 원예, 조경, 유리온실 등에 관한 한 세계적으로 영향력을 행사할 수 있는 독보적인 국가로 거듭난 이유가 여기에 있다. 수 세기가 지난 지금도 돌이켜보면 세계 곳곳을 누비며 식물수집과 연구에 국가적인 투자가 있었던 영국의 선택은 탁월했다는 것을 알 수 있는데 식물을 선택한 쪽과 그렇지 못한 쪽의 명암이 크게 갈렸다.

국제정세를 읽는 정보력이 필요하다.

겨울철에 우리의 입맛을 돋우어 주는 딸기 품종은 단맛이 많은 '장희'와 '육보'가 90%를 차지하는데 일본에서 육종된 품종이다. 수십 년 전 일본의 종묘회사가 우리나라 정부에 육보, 장희 등 딸기 품종들을 특허 등록하고 매년 등록비를 내는 행동을 보면서 우리는 그들이 바보 같은 행동을 한다고 여겼다. 하지만 2002년에 우리나라가 국제식물 신품종 보호동맹(UPOV)에 가입을 하면서부터 그들의 바보 같은 행동이 실제로는 로열티 수입을 예상하고서 치밀하게 준비된 것임을 알게 되었다. 우리 농민들은 무엇이 문제인지, 어디서부터 잘못된 것인지 영문도 모른 채 우리나라는 일본 등 외국기업에 연간 수억 원의 로열티를 내고 있다. 수십 년 앞을 내다본 외국기업들을 돈에 눈먼 사람들이라고 치부하기엔 우리들의 준비가 너무 소홀했으며 국제정세를 읽는 안목과 정보수집에 무능했다.

우리나라에서는 발 빠르게 '매향'과 '설향'이라는 국내 딸기 품종을 개발해서 소비자의 입맛에 맞추고는 있다지만 일본 수출용 품종이 못 된다. 우리의 수출 효자품목인 딸기는 일본으로 제일 많이 수출되는데 일본은 자국에서 개발한 딸기 품종이 아니면 수입을 하지 않겠다고 한다면 우리 농민들은 울며 겨자 먹기로 일본 품종의 딸기를 심어야 한다. 딸기 수출을 위해서 우리는 또 일본이 요구하는 딸기 품종을 재배해야 하는데 이것이 현재 진행되고 있는 국제적 식물 종자 전쟁의 현실이다. 문제는 밤, 감, 다래 등 과일뿐만 아니라 장미, 화훼류 등 원예품종들도 앞서 얘기한 딸기와 비슷한 사정이라는 것이다. 2012년부터 로열티가 모든 재배작물로 확대되었기 때문이다.

IMF 구제금융 이전에는 잘나간다던 국내 종자 생산업체들이 외환위기 때 외국 자본에 넘어가 외국기업이 된 지 오래다. 우리나라 종자 생산기업이 수년간에 걸쳐 쌓은 원예작물 육종 기술과 연구 성과 등 수많은 자료와 연구 인프라가 외국기업으로 한순간에 넘어가 우리나라 종자산업을 쥐락펴락하고 있다. 국내 원예, 화훼 분야의 종자 시장이 외국기업의 손에 맡겨졌다.

IMF 구제금융 때 국내기업 중에서는 아무도 눈여겨보지 않은 국내 굴지의 종자 생산업체를 외국기업이 선뜻 인수한 이유를 20년이 지난 지금에 곰곰이 생각해 보면 그들은 이미 식물 종자 전쟁에 철저하게 대비를 하고 있었다는 것을 알 수 있다. 국제정세를 너무나도 잘 읽고 있는 무서운 사람들이라고 느끼는 한편 타산지석으로 삼아야 하겠다는 생각이 든다.

식물자원 전쟁, 석유 전쟁을 방불케 한다.

 오늘날 고도산업사회가 진행되면서 여러 나라가 고부가가치 산업으로 부각되는 생명공학 분야에 많은 투자 사활을 걸고 있다. 그들의 시선은 다시 전 세계의 다양한 식물자원에 대한 분류, 표본 등의 자료가 가득한 영국으로 쏠리고 있다. 오늘날 영국의 왕립 큐식물원은 세계에서 가장 많은 식물표본을 소장하고 있는 것으로 알려져 있다. 해마다 세계에서 식물분류학자 및 식물원 관련자들의 연수, 견학 등 발길이 지속적으로 이어지고 있다.

 현대의학에서 화학물질 합성 등을 통하여 생산한 의약품들이 심각한 부작용을 초래하면서 건강한 삶을 원하는 사람들은 이 의약품들을 외면하게 되었다. 그러자 다국적 제약회사가 식물체에서 추출한 천연물질로 의약품을 만들려는 노력을 진행하면서 식물자원 확보 경쟁이 더욱 치열해졌다. 다국적 제약회사들은 영국에서 나온 식물분류를 토대로 아직 학회에 보고된 적이 없는 식물자원을 탐사하고 있다.

 식물자원 대국으로 잘 알려진 브라질에서도 자국 내 식물자원의 해외 유출을 막는데 국가적 대처를 하고 있다. 그리고 유전자조작(GM)을 통해 생산되는 식품이 소비자들에게 호응을 얻지 못하면서 야생의 식물 종자 보호와 육종산업이 더욱 활성화될 전망이다. 흔히 국제적 경쟁력을 갖춘 종자를 일컫는 슈퍼 종자는 전 세계적으로 연간 수십조 원의 시장을 형성하고 있다. 이처럼 국가 간 자국의 식물 종자와 야생식물 지키기는 석유 전쟁 못지않게 치열해질 것이다.

식물 종자 인프라는 국가에서 관리하자

　IMF 구제금융 때 우리나라 H 종묘를 인수한 멕시코의 한 종자회사는 대박 품종 3개를 덤으로 얻었는데 이것은 H 종묘에서 수년간 노력과 연구비를 들여 개발한 □□수박, ○○참외, △△고추품종이었다. 기업 인수 이후 새로운 품종개발 등에 별다른 노력 없이 앞서 얘기한 3개 품종의 매출이 매년 늘었기 때문이다. 우리는 지난 20년 동안 종자 육종산업에 뒤처지면서 엄청난 국가적 손실을 입었다.

　IMF 구제금융 때도 보았듯이 일반기업은 기업 부도라는 복병을 만나면 모든 노하우와 방대한 자료들이 한순간에 경쟁기업이나 국가에 넘어가는 경우가 발생하기 때문에 일반기업에서 식물자원을 체계적으로 관리한다는 것은 무리가 따른다. 일각을 다투는 산업현장에서 한번 잃어버린 노하우와 자료들을 수년간 다시 수집하고 체계를 갖추기에는 손실이 너무 크다. 그리고 목본식물들은 종자를 맺는 한 세대의 기간이 너무 길어서 벼, 콩 등 농작물의 품종개발에 비해 연구 기간이 오래 소요되므로 더욱더 체계적인 관리가 필요하다. 이런 이유로 산림청에서는 국립백두대간수목원 지하동굴에 국내 식물자원 종자를 저장하는 '씨드볼트'를 만들어 종자 유전자원 관리에 나서고 있다.

식물연구와 품종관리제도

　우리나라에는 목본과 초본, 양치 및 지의류 등 약 5천여 종의 식물자원이 있다. 외국에서 들여온 재배식물까지 포함하면 약 3만여 종이 자라고 있다. 우리 식물자원 중 산업화가 가능한 식물자원을 체계적으로 발굴하고 100년 후를 내다보는 혜안으로 꾸준한 자료관리와 신품종 개발에 국가적인 기반조성을 서둘러야 한다. 그리고 개발된 식물품종의 국내외 신품종등록은 물론 특허출원을 하는 등의 적극적인 대처만이 우리가 살아남는 길이다. 다행히 국립산림품종관리센터를 통해서 신품종 출원 및 등록 등을 국가에서 체계적으로 관리하고 있다.

우리나라는 1995년 12월 6일 자로 종자산업법을 제정하여 품종보호제도를 실시하고 있다. 분야별로 3개의 국가기관이 나누어서 맡고 있는데 산림 분야는 국립산림품종관리센터, 농업 분야는 국립종자원, 수산 분야는 국립수산식물품종관리센터에서 관리하고 있다. 산림 분야는 2019년 현재 110종 417품종이 신품종 출원 및 품종보호 등록이 되었다. 신품종 출원 현황을 육종가별로 보면 국가 107건/26%, 지자체 63건/15%, 개인 육종가 158건/38%, 종자 업계 50건/12%), 해외 22건/5% 등이다. 종류별은 산과수 105건, 조경수 52건, 야생화 114건, 산채 12건, 특용 47건, 버섯류 82건 등이다.

품종보호 등록 현황은 58종 179품종이며 육종가별로 보면 국가 44건/24%, 지자체 25건/14%, 개인 육종가 79건/44%, 종자 업계 21건/12%, 해외 3건/2% 등이다. 종류별은 과수 42건, 조경수 26, 야생화 42건, 산채 9건, 특용 19건, 버섯류 39건 등이다. 다행스럽게도 개인 육종가의 신품종 출원 및 등록 비율이 높아지고 있어 우리 신품종 육종산업이 자리를 잡고 있다.

국가표준
식물명 정립이 필요하다.

같은 나무 다양한 이름

얼마 전 전라남도에 살고 계시는 분이 필자의 사무실로 전화를 해 산초나무를 키우고 싶은데 자문을 해달라고 하셨다. 유럽 여행 때 보니 그곳 사람들이 거의 모든 음식에 일본산 산초 열매 가루를 뿌려 먹는 것을 보고 경쟁력이 있겠다 싶어 자신도 유럽 수출용으로 산초나무를 키울 계획이라고 했다. 다행스럽게도 필자가 수목 공부를 하면서 일본 산초나무에 대해 제대로 알고 있었기에 유럽에서 본 그 가루는 산초나무 열매 가루가 아니라 초피나무 열매 가루라고 말씀드렸다. 일본에서는 우리가 알고 있는 초피나무를 산초나무라고 부르기 때문에 유럽에 일본 산초 열매 가루로 소개된 것이다. 그분은 필자와 통화하지 못했다면 산초나무를 키워서 가루를 수출하는 일이 생겼을지도 모를 일이다.

우리 임업 분야도 최근 들어 FGIS(산림지리정보시스템) 같은 첨단기술과 장비를 활용한 시스템 구축과 시업지 관리프로그램 운영, 데이터베이스 구축 등 점차 과학화되고 있다. 하지만 임업에서 가장 기초자료인 식물명이 지역명과 사투리, 외래어 등 여러 가지로 불리고 있는 실정 이어서 빅데이터 활용에 걸림돌이 되고 있다.

백합나무와 튤립나무, 수양벚나무와 처진개벚나무, 아카시아와 아까시나무, 히말라야시다와 개잎갈나무, 마로니에와 칠엽수, 플라타너스와 버즘나무, 산다화와 애기동백나무, 오엽송과 섬잣나무, 지구자나무와 헛개나무 등 일일이 나열하기 어려울 정도로 많은 나무 이름이 혼용되고 있어 관련 종사자는 물론 사회적 혼란을 겪고 있다. 또한 틀린 이름을 가진 묘목의 유통으로 다양한 형태의 피해가 발생하고 있으며 앞으로도 더 큰 피해가 발생하게 될 것이다.

현대는 표준화 시대

현재 세계는 세계화 시대의 도래로 무역이 활발해지면서 사실상 국제적으로 통용되는 많은 것이 국제표준화되고 있다. 물건을 살 때 제품의 안전성과 믿음을 위해 KS마크를 확인한다. KS는 한국공업규격(Korean Industry Standard)으로 공업제품의 품질개선과 생산능률의 향상을 기하며 거래의 단순화와 공정의 합리화를 도모하고 소비자를 보호하는 데 그 목적이 있다.

우리나라 기업들이 제품생산을 통해서 세계적인 기업으로 거듭나기 위해서는 먼저 한국표준협회에서 마련한 규정에 합격한 제품에 인증하는 KS마크를 획득하는 일이 필요하다. 그리고 또 하나는 국제표준 품질 규격에 합격하고 국제표준화기구(ISO)에서 인증서를 받는 것이다. 기업들이 이미지 쇄신과 세계화를 위해 앞다투어 ISO 9000이니 하는 국제 인증을 받는 이유가 여기에 있다. 산림 분야에도 2006년부터 산림관리협의회(FSC)에 의한 국제산림인증이 시작되었다. 우리나라는 2006년도에 국립산림과학원 제주 시험림이 FSC로부터 국제산림인증을 받았다. 이처럼 국제표준화는 공업 분야에서 먼저 시작되어 교육, 행정 등 사회 전반으로 확대되고 있다.

우리나라 식물명 표준화 현황과 문제점

전 세계 여러 나라가 식물자원을 이용해서 국부를 창출하고 더 나아가 미래 산업의 성장동력으로 발전시키기 위해 안간힘을 쓰고 있다. 미래에 우리나라의 임업이 대한민국의 중요한 국가정책으로 자리매김하기 위해서는 식물연구와 산업화의 근본이 되는 '국가표준 식물명'의 정립을 서둘러야 한다. 또한 국민이 표준화된 식물명을 반드시 사용하도록 알리는 것이 필요하다.

우리나라에 자생하거나 도입된 재배식물 명의 표준화를 위해 환경부, 산림청 등 정부 기관에서 국가표준 식물명 정립에 힘쓰고 있다. 산림청에서는 2000년부터 국가 식물목록위원회를 구성해 운영하고 있다. 이 위원회는 현재 국립수목원 내 상설위원회로 국내 자생 및 귀화식물의 식물명을 지속해서 관리하고 홈페이지를 통해서 대국민 서비스를 제공하고 있다. 필자는 수목 공부를 위해 국립수목원에서 운영하는 '국가표준 식물목록' 홈페이지를 자주 방문하고 있는데 홈페이지 구축 초기보다 내용을 활용하기가 점점 어렵다고 느낀다. 문제는 홈페이지에 대한 홍보 부족인지는 모르겠으나 정부 공공기관을 포함한 일선 임업인들조차 국가표준 식물목록을 업무에 활용하지 않고 있다.

최근에 정부 기관과 정부출연 연구소 등에서 각종 정책연구 용역보고서가 수없이 많이 쏟아져 나오고 있지만, 이 보고서에 수록된 식물 이름과 학명이 제각각인 사례를 흔히 볼 수 있다. 공공기관이 이러한데 사설 연구소와 개인들이 제공하는 수목 관련 정보는 얼마나 오류가 많을지 상상이 되고도 남는다.

예를 들어 목재가 우수하고 생장이 빨라서 조림수종으로 인기 있는 백합나무는 튤립나무로 불러야 옳다고 본다. 언제부터인가 수목도감에 수록된 튤립나무가 별다른 설명 없이 국가표준식물명에 백합나무로 등록되어 있다. 백합나무의 우수성을 발표하는 논문이나 보고서에는 과거 이름의 학명인 '*Liriodendron tulipifera*' 를 사용하면서 속명의 특성을 담아 백합나무를 사용하고 있다. 백합은 통꽃으로 길쭉하고 튤립은 꽃잎이 여러 장이며 하늘을 보고 있어 그 모양이 전혀 다르다. 목련과에 속하는 튤립나무는 꽃이 튤립을 닮았다고 해서 튤립나무라는 이름으로 불리게 되었다는 것을 종명인 '*tulipifera*' 를 통해 짐작해 볼 수 있다. 백합나무라는 이름은 튤립나무의 한자명 '백합목'에서 유래했다고 하는데 수목의 한글 이름을 붙일 때는 국민 누구나가 쉽게 알 수 있는 식물 이름인 '튤립나무' 를 사용했다면 좋지 않을까 싶다.

호두나무와 가래나무

필자의 지인은 장날 묘목상에게 추자나무 수십 그루를 사서 심었다가 낭패를 보았다. 많은 수종 중에 추자나무를 선택한 이유는 그의 농장이 지리산 자락의 고산에 위치하여 밤과 낮의 온도 차가 커서 재배 적지라는 점과 당시 호두열매의 가격이 높아 농가소득에 보탬이 되리라는 기대 때문이라고 했다.

심은 지 10여 년 만에 열매를 맺었고 기쁜 마음으로 수확을 해서 보니 평소 시장에서 보았던 호두나무 열매와 생김새가 다르고 크기도 좀 작아서 이상하다는 느낌이 들었다고 한다. 수확한 열매를 시장에 내다 팔러 가서야 호두나무(*Juglans regia*)가 아니고 가래나무 (*Juglans mandshurica*)의 열매라는 것을 알았다고 한다. 가래나무 열매는 상품 가치가 전혀 없다는 것도 그때 안 사실이라고 했다. 또한 호두나무와 가래나무의 종자를 모두 '추자'로 부른다는 사실도 알았다. 쓸모가 없어진 나무를 베어내려고 했지만 마땅한 대체 수종을 찾지 못해 가래나무를 그대로 내버려두고 있었다.

중국에서 들어온 호두나무는 한자명 그대로 추자(楸子)나무로 부르고 있는데 가래나무 열매도 가래추자로 부르고 있다. 제주도에 속하는 추자도(楸子島)의 이름도 이 섬에 가래나무가 많아 붙여진 이름이다. 추자도에 식생 조사를 갔을 때 보니 추자면사무소 앞에는 지금도 가래나무 두 그루가 자라고 있었다.

한때 농가의 소득증대를 위해 호두나무 심기를 장려하면서 추자나무를 심으면 돈이 된다고 하나같은 이름을 사용하고 있던 가래나무 묘목을 생산해서 판매한 것으로 보이는데 그때 호두나무와 가래나무가 혼동되어 보급된 것이었다. 묘목을 판매할 때 추자, 가래추자라는 이름 대신 호두나무, 가래나무라고 분명히 했었다면 잘못 심는 일은 없었을 것이다. 지인은 10년이라는 시간을 잊어버린 셈이다.

식물명 표준화는 국가적 과제

우리나라가 2002년도에 국제식물신품종보호동맹(UPOV)에 가입하면서 현재까지 밤, 감, 배, 사과 등 과수는 물론 모든 재배작물로 로열티

지급이 확대되었다. 앞으로 로열티는 물론 품종특허 침해소송 등 많은 문제가 발생할 것이 예상된다. 과수재배는 특성상 병해충방제, 적기 출하를 위한 비가림 시설, 태풍 등 풍수해 방지를 위한 고정시설, 솎기 및 봉투 씌우기 등 고비용 생산이 불가피한 실정인데 로열티까지 내게 된다면 그 피해는 과수재배 농가뿐만 아니라 소비자인 국민 전체로 이어지게 될 것이다.

특히 임업 분야에서는 로열티 수입을 목적으로 국제특허를 신청하는 조경용 신품종 수목들이 국제시장에 속속 선을 보이고 있으며 과열 조짐까지 보인다. 하지만 정부의 강력한 법제화에도 불구하고 표준수목 명과 국제품종등록에 관한 정확한 정보를 갖지 않은 식물은 물론 양묘업 미등록 업체에서 생산되는 식물이 불법으로 유통되는 사례가 늘고 있어 대비책 마련이 시급한 실정이다.

외국에서 도입된 원예 조경수 품종, 밤, 감 등을 무단 번식하여 국내에서 거래할 때 향후 로열티, 특허권 등 국제적인 통상문제가 발생할 소지가 있다. 만약 외국의 수목등록업체가 국내 법률회사를 통해 특허권침해 소송 문제를 제기한다면 이는 극히 개인적인 문제일 수도 있지만, 국가 간 외교 문제로 발전할지도 모를 일이다.

정부에서는 외국의 식물원, 수목원 간 종자교환 사업인 인데스 세미넘(Indaxs Seminum)과 국제사막화방지 협약 등과 같은 국가 간 협력사업에도 중요한 역할을 하는 국가표준식물명을 확실하게 정립하여 우리 임업을 보호하고 임업 선진국의 지위를 확보하여야 할 것이다.

국가표준식물명을 사용하자

 우리나라는 국제적인 국가경쟁력 확보를 위해 2007년에 표준 도량형인 미터법을 사용하도록 발표하였다. 그 결과 아파트 면적도 평에서 m^2로 정착되고 있다. 국가적인 인프라와 시스템이 아무리 훌륭하다 하더라도 사용자들이 외면하면 쓸모없는 것으로 전락하게 된다. 많은 예산과 시간, 노력을 들여 구축한 시스템과 식물 데이터베이스의 활용을 극대화하기 위해서는 사용하지 않으면 안 될 필연성을 부여해야 한다. 공공기관에서 발주하는 각종 정책용역보고서에 수록되는 수목 명은 반드시 국가표준 식물명으로 한정하도록 명문화한다면 수목 명의 통일화와 표준화에 성공할 수 있을 것이다.

 여러 나라가 식물자원을 이용해서 국가적 부를 창출하고 더 나아가 미래 산업의 성장동력으로 발전시키기 위해 안간힘을 쓰고 있다. 미국의 경우 식물명 표준화를 넘어 식물별 내한성 기준, 높이, 개화 시기 등 정보를 담아 한층 더 깊이 있는 유통관리가 이루어지고 있다. 과거 유럽이 원예식물 육종의 종주국 역할을 해왔다면 지금은 미국이 그 계보를 잇고 있다고 할 수 있다. 전 세계적으로 통용되는 표준식물 명을 우리나라에서만 외면할 수는 없는 일이다. 이제 우리 모두 국가표준식물명을 사용하겠다는 사명감을 가져야 하겠다.

한강 물과 주변 건물 유출수가 함께 흐르는 청계천 모습

저 멀리 보이는 지리산에서 발원한 남강물과 진양호

제 4 장

대한민국 물 수출 프로젝트

가상수로 배우는
물의 권력

물을 수출하는 나라

계곡물은 그 원천은 빗물인데 깊은 산속에 머물면서 천천히 흘러내린다. 이 물은 숲이 건강한 산에서 생산되는 임산물인데 산에 숲이 없다면 깨끗한 계곡물은 물론 계곡물 자체를 얻을 수 없다. 우리나라 산은 경사가 심하고 계곡의 길이가 짧아 비가 내린 뒤 며칠 만에 대부분의 빗물이 바다로 흘러가 버린다.

석유가 생산되는 나라를 산유국(産油國)이라고 부르는 것과 같이 물이 생산되는 나라를 산수국(産水國)이라고 할 수 있다. 여기에는 물을 생산해서 외국에 수출한다는 의미도 포함되어 있는데 금수강산으로 불리는 우리나라는 여름철에만 물이 풍부하다. 홍수가 나면 4대강이 범람할 지경이 된다. 산수국프로젝트는 이렇게 넘쳐나는 물을 수출해서 대한민국이 먹고 살아야 한다는 상업적인 발상으로 필자가 만들어 낸 말이다. 여름철 장마나 태풍으로 내리는 빗물을 외국에 수출해서 외화를 벌어들이고 아프리카와 같은 물 부족 국가에 물을 원조해야 한다. 물과 연관된 산업을 육성해서 우리나라가 반도체만 잘 만드는 일뿐만 아니라 물을 수출하는 나라로 세계에 이름을 떨쳐야 한다.

 이스라엘은 물 관리를 잘하는 나라로 알려지면서 관수시설은 물론 점적관수 원천기술 1위 수출국으로 잘 알려져 있다. 우리나라도 빗물과 중수도 등 물의 재사용과 절수 시스템을 개발해서 미래 먹거리 산업으로 키워야 할 것이다. 물과 함께 관련 신기술 수출이 활성화되면 새로운 일자리가 생기고 자동차, 반도체처럼 수출 효자품목이 될 것이다.

 이미 우리 주변에는 물 부족으로 인한 분쟁이 발생하고 있다. 여기에 많은 사회적 비용과 에너지가 소모되고 상호 불신과 반목이 쌓여가고 있다. 그런데도 물 부족을 해결하기 위한 정책이나 물을 아껴 쓰자는 국민적인 공감대를 느낄 수가 없다. 주변에 식수를 겸한 농업용 댐이 많이 만들어지는 것으로 보아 정부에서는 물 부족을 양적으로만 해결할 모양이다. 우리나라의 국민이 물 부족에 관한 관심이 적고 물을 절약하지 않는 이유가 물값이 너무 싸기 때문이라고 한다.

 2015년 봄에 중부지방에는 비가 내리지 않아 심각한 물 부족으로 급수 제한과 모내기 등 영농을 포기한 적도 있었다. 물 부족을 겪어본 당사자들은 얼마나 고통스러운가를 잘 알면서도 비가 내리면 곧 그 고통과 물에 대한 고마움을 쉽게 잊어버린다. 소를 잃고 나서 외양간은 고쳐야 하지만 가뭄 해결을 위해 필사적으로 파 놓은 관정은 방치되고 물을 절약해야 하겠다는 사람들의 의지도 내리는 빗물에 씻겨서 버려지는 것이 현실이다.

물은 생명이다

 최근에 지구온난화로 인한 기상재해로 전 세계 많은 사람이 물 부족에 시달리고 있다. 아프리카에서는 건기가 지속되면서 풀이 말라 죽자 먹을 것이 부족한 야생동물들이 굶어 죽고 있다. 사람들은 고향을 버리고 물을 찾아 떠나고 있고 여기에 수질오염까지 심해지자 콜레라, 에볼라바이러스와 같은 신종 전염병이 확산 되고 있다.

 필자는 지구상에서 점점 귀해지고 있는 물을 지혜롭게 나눌 수 있는 방법을 찾고자 이 글을 쓰고 있다. 물은 산에서 온다. 산에는 나무가 자라면서 숲을 이루고 이 숲은 비를 부른다. 고열에 시달리고 있는 지구를 살리면서 지구상의 생명체도 잘살 방법을 연구하다가 물 수출로 우리나라가 부자가 되는 방법을 찾게 되었다.

 우리나라는 그동안 남의 나라 기술을 바탕으로 반도체, 자동차, 조선 산업 등으로 먹고 살아왔다. 하지만 전 세계적으로 제조업의 기술력이 엇비슷해지고 우리나라 제조업 종사자의 인건비가 높아지면서 국제적인 경쟁에서 살아남기 어려워지고 있다. 우리가 그토록 싫어하는 일본과의 무역수지 적자 폭은 도무지 메워지지 않고 있다. 우리나라의 수출이 늘어날수록 일본에서 들여오는 원자재 수입도 늘어나기 때문에 일본은 손쉽게 돈을 버는 구조다.

 특히 제조업의 높은 이윤 창출은 원자재를 저렴하게 확보하거나 제조공정의 획기적인 기술력을 확보해야 가능한데 우리나라는 물리, 화학 등 기초과학에 대한 원천기술 부족으로 꿈도 못 꾸는 형편이다. 자체 기술 확보 없이 외국의 원자재를 수입하는 우리나라 산업구조로는 일본, 독일과 같이 원천기술을 가진 나라의 배만 불려주고 있다. 우리나라 제조업은 물론 농림업 분야에서 사용하는 부품과 예초기 등 완제품이 대부분 일본제품이다. 여기서 애국심에 호소해서 국산 제품을 구매해 달라는 것이 아니다. 원천기술이 얼마나 중요한지를 말하고자 한다. 이런 경제구조를 설명할 때면 '재주는 곰이 넘고 돈은 왕 서방이 챙긴다.' 라는 옛날

속담이 생각난다.

　유럽의 작은 나라 리투아니아 속담에 '타인의 지혜로는 멀리 갈 수 없다'라고 했는데 지금 우리 현실과 맞다고 본다. 우리나라가 먹고 살기 위해서는 시간이 다소 걸리더라도 원천기술의 확보가 우선되어야 한다. 우리나라 기업의 연구개발 투자비는 높은 수준이지만 나오는 결과물은 별로라고 하는데 그 이유는 상상력과 기다림이 부족해서라고 본다. 부존자원은 턱없이 부족하고 풍부한 것은 사람밖에 없는 우리나라가 미래에 전 세계를 상대로 수출을 해서 먹고살기 위해서는 기초과학을 바탕으로 하는 원천기술 확보도 중요하지만 우선적으로 상상력을 발휘해서 새로운 미래 먹거리를 찾아내야 한다. 필자는 그 새로운 미래 먹거리가 '물'이라고 말하고 싶다.

물 수출로 부자나라 되기

　산유국에서는 넘쳐나는 오일달러로 전 세계 경제를 쥐락펴락하더니만 곧 닥칠 석유 시대의 마감을 대비해 미래 먹거리도 착실하게 준비하고 있다. 아랍에미레이트 두바이에 조성된 세계 최대 인공섬인 팜 주메라이는 전 세계 부자들에게 아주 비싼 값으로 분양되고 있다. 우리나라 부자 중에서 이 인공섬의 주인이 되었다는 소식은 들어본 적이 없다. 그 정도로 세계적으로 알려진 부자들에게만 분양하고 있다.

　우리나라도 이들 산유국처럼 많은 돈을 벌 수 있다. 그 방법은 석유보다 비싼 물을 물이 부족한 국가를 대상으로 수출하는 것이다. 물론 아프리카의 가난한 나라에는 물을 무상으로 제공하는 원조외교를 펼칠 수도 있다. 당장 목이 마른 아프리카 국가들에게는 도로개설, 지하자원 개발

등의 원조보다는 물을 제공하는 원조외교가 더 현실적이라고 본다. 실제로 우리나라에서는 아프리카에 우물을 개발하는 원조사업을 펼치고 있다. 그러나 작은 마을 단위는 우물 하나로 식수 해결이 되지만 많은 사람이 모여 사는 곳이라면 우물로는 식수 해결이 되지 않는다.

지금도 전 세계의 많은 나라에서 물이 부족한 실정이지만 2025년부터는 정말 물 부족이 가시화될 것이라는 전망이다. 전 세계 물 수출시장에서 우위를 선점하고 기술 확보를 위해서라도 우리나라는 당장 산수국프로젝트를 시작해야 한다. 물은 지구상에 존재하는 모든 생물의 생명 유지는 물론 자동차 엔진을 식히며 발전소의 증기터빈을 돌리기까지 생물은 물론 기계류에 이르기까지 반드시 필요하다.

물 부족 국가에서 물을 수출하기 위해서는 물을 아껴 쓰는 약정신과 지하수는 언젠가는 고갈되는 유한자원이라는 인식을 가져야 한다. 다음으로 빗물 활용은 기본이고 절수 시스템과 같은 획기적인 물 절약 기술을 개발해서 사람들의 생활 깊숙한 곳까지 보급해야 한다. 또한, 물이 만들어지는 장소인 논 습지와 숲을 보존하려는 노력도 함께 한다면 산수국 프로젝트는 성공할 수 있을 것이다.

물이 지키는 지구환경

지구를 우주에서 볼 때 파란색을 띠는 이유는 바다가 지구 전체의 3/4을 차지하기 때문이다. 물은 수십 억 년 동안 지구 생태계가 유지되도록 끊임없이 순환하면서 지구환경을 지켜 왔다. 적도 부근의 따뜻한 수온을 가진 바다와 열대우림의 증산작용으로 만들어진 수증기 덩어리는 기압 차이로 생기는 공기의 흐름을 통해서 계절풍이라는 바람을 일으킨다. 수

증기 덩어리는 구름이 되어 계절풍을 타고 세계 곳곳을 누비며 비를 뿌린다. 비는 대지를 적시고 동식물을 비롯한 생명체들에게 수분과 영양분을 공급한다. 비는 육상의 동식물과 대지를 충분히 적시고 나면 강을 따라 바다로 돌려 보내진다. 바닷물은 해류라는 움직임을 통해서 다시 발원지인 적도 부근에 다다른다. 이 자연스러운 생태계 순환시스템이 최근 지구온난화로 문제가 생겼다. 북극지방의 빙하가 녹으면서 적도와 극지방 간의 기압 차가 점점 줄어들다 보니 공기의 흐름이 제대로 이루어지지 않고 있다. 열대지방에 건기와 우기의 계절적인 특성이 사라지고 있으며 시베리아의 동토층이 녹아내리면서 싱크홀이 생기고 수만 년 동안 눈이 덮여 있던 곳에서 풀이 자라나기 시작했다. 여름철 강한 열기로 인해서 지구 곳곳의 산림에 산불이 발생하면서 울창하던 숲이 초원으로 바뀌고 있다. 이곳에서 어렵사리 뿌리를 내린 식물은 가뭄으로 쉽게 말라 죽고 있다. 이 초원이 울창한 산림으로 되돌아오기까지 아주 많은 기다림이 필요할 것이 분명하다.

　육류 생산과 자동차가 먹을 바이오디젤 생산을 위해서 지구 허파로 불리던 아마존 열대우림을 목장과 농경지로 바꾸면서 숲의 증산작용이 사라져 구름이 만들어지지 않고 있다. 구름은 태양의 해로운 자외선을 막아서 동식물을 보호하고 지구가 태양광선에 의해서 더워지는 것을 예방한다. 구름이 태양광선을 반사해서 우주 밖으로 내보내는 역할을 하는데 구름의 씨앗이 되는 수증기를 만드는 숲이 사라지면서 지구 표면에 많은 태양열이 전달되어 지구가 더워지게 된다. 열대림의 파괴는 열대지방의 연안 바다에도 영향을 미치게 된다. 열대 밀림에서 농경지로 변신한 농장에서 흘러나온 흙탕물과 비료, 농약 성분으로 연안 바다의 조류가 전멸하는 등 심각한 환경문제가 발생하고 있다. 이곳 조류가 호흡을 통해서 내뿜는 산소의 양도 상당한 부분을 차지한다.

인간들은 자연생태계의 순환시스템의 고리를 끊어놓고서 물 부족이라는 고통을 넘어 사지로 내몰리는 상황을 스스로 만들고 있다. 오로지 경제적 이익에만 눈이 멀어 산림을 파괴해 기후변화를 가져온 인간은 어리석기 그지없다.

가상수란?

올해부터 우리나라는 남아도는 쌀 문제를 해결하기 위해서 식량주권 차원에서 지켜왔던 절대농지를 쉽게 다른 용도로 개발할 수 있도록 관련 법을 개정하였다. 쌀이 남아돌면 식량부족 국가를 대상으로 수출전략을 세우거나 가축 사료화 등을 통한 경제적 해법을 찾아야 할 터인데 쌀이 생산되는 곳간을 없애는 것은 환경적인 측면에서 볼 때 좋은 정책이 아니라고 본다.

지구온난화로 국가 부도가 초래되는 현실에서 지구온난화를 최일선에서 막아온 논 습지를 없애고 하루아침에 탄소배출 주범인 건물을 짓는다면 이들 건물이 내뿜거나 만들어 내는 소음, 분진, 빛 공해와 대기, 수질, 토양오염 등 그 외 여러 가지 환경오염은 불가피해질 것으로 보인다. 다행히 산림이 다른 용도로 개발되는 것은 어느 정도 막을 수 있을 것으로 보인다.

아시아 사람들의 주식인 쌀 역시 1kg을 생산하는데 많은 물이 있어야 한다. 쌀은 가상수가 많지만 이를 생산하기 위한 논 습지는 지하수를 만들고 여름철 지구의 온도를 낮추는 기능도 하고 있다.

가상수는 영국 런던대학교 앤서니 앨런 교수가 개발한 것으로 '동식물의 제품생산과 가공에 사용되는 물의 총량'을 말한다. 세계적으로 많이 이용되는 육류와 식물에 대한 가상수를 보면 육식 인구가 매년 크게 늘고 있는 현시점에서 볼 때 시사하는 바가 크다. 세계인의 주요 먹거리 몇몇 제품에 들어 있는 가상수는 아래와 같다.

주요 먹을거리 제품	1kg에 들어 있는 물(단위: ℓ)
쇠고기	16,000
돼지고기	5,900
닭고기	2,800
쌀	2,700
대두	2,300
밀	1,100
옥수수	450
감자	160

주요 축산물인 쇠고기, 돼지고기, 닭고기와 같은 가축은 물이 부족한 나라에서는 생산할 수 없는 품목이 되어가고 있다는 것을 알 수 있다. 이들 제품에는 단순히 가상수의 수치가 높다는 것뿐만 아니라 고기 1kg을 생산하려면 9kg의 곡물도 필요하기 때문이다. 세계 식량이 사라지고 굶어 죽는 사람이 늘어나는 이유가 여기에 있다. 늘어나는 육식의 욕구로 인해 인간과 동물의 곡물 쟁취 경쟁이 치열해지고 있다.

가상수로 배우는 물의 권력

빌프리트 봄머트의 저서 '식량은 왜! 사라지는가'에 나와 있는 식량에 포함된 가상수의 최대수입국은 인구가 많고 농지가 부족한 아시아, 아랍, 유럽이었고 반대로 수출국은 지구 반대편에 있는 북아메리카, 남아

메리카, 오스트레일리아, 북아프리카이다. 지구반대 편에서 길러져 우리 식탁까지 오는 과정에서 자연스럽게 높은 탄소 마일리지를 기록하고 있다. 주요 먹을거리 제품에 표시된 이 가상수는 물의 산업화, 물의 무기화, 물의 권력화 등을 짐작할 수 있는 중요한 근거다. 우리나라도 가상수 분석하여 주요 먹거리 제품에 대한 생산은 물론 수출 및 수입에 대한 경쟁력을 갖추어야 할 것이다.

물 부족으로
고통받는 인류

빈번해진 물 재해

 사람들은 석유 없이 수 천 년을 살아왔지만 물 없이는 5일도 살지 못한다. 사람들이 석유 에너지를 사용한 지는 18세기 말 산업혁명 이후이니까 약 300여 년밖에 되지 않는다. 하지만 수억 년의 세월 동안 지켜온 지구환경이 불과 300년 만에 많이 파괴되었다. 최근 석유 에너지 과다 사용으로 인해 자정 능력을 잃은 지구 온도는 크게 높아졌다. 이로 인해 극지의 빙하가 녹아내려 해수면 상승으로 인도양의 몰디브와 같은 작은 섬나라들이 바닷물 속으로 가라앉고 있다. 만년설이 뒤덮인 스위스 알프스에는 겨울철에 눈 대신 비가 내려 홍수로 많은 피해를 입었다. 2015년도에는 역사상 가장 빠른 풍속을 기록한 태풍 하이옌이 필리핀을 초토화시켰다.
 물 재해의 유형은 크게 네 가지로 구분되는데 첫 번째는 지구물리학적 현상으로 지진, 쓰나미, 화산활동을 들 수 있다. 두 번째는 기상학적 현상으로 열대성 폭풍, 온대성 폭풍(태풍), 대류성 폭풍, 지역적 폭풍이 있다. 세 번째로는 수문학적 현상으로 홍수, 쓰나미, 다양한 인자로 인한 물 재해가 있다. 마지막으로 기후학적 현상으로 극한기온, 가뭄, 산불 등이 있다. 세계 물 재해는 1980년 대비 2015년에는 3배나 증가했다. 학자들은 기후변화의 영향으로 물 재해가 점점 늘어날 것으로 전망하고 있다.

메말라 가는 지구

인류가 음용수로 이용하는 담수는 지구상에 존재하는 물의 3%밖에 되지 않는다. 이 물이 국지적으로 공급되면서 아프리카에는 우기임에도 비가 내리지 않아 호수는 메말라 가고 초원이 타들어 가고 있다. 풀과 물을 먹지 못한 야생동물들이 굶어서 죽어가고 있다. 이처럼 물이 부족해지면서 음용수로 마시지 못할 정도로 오염된 물을 마시는 바람에 수인성 전염병으로 죽어가는 사람들이 늘어나고 있다. 또한 아랍과 아프리카에서는 부족 간, 국가 간 물 분쟁을 넘어 물을 차지하기 위한 전쟁으로 치닫고 있다. 이러한 물 분쟁을 해소하고자 우리나라를 비롯한 선진국들이 아프리카에 지하수를 개발해주는 해외원조에 나서고 있다.

모로코 등 북아프리카는 유럽의 식량기지 역할을 담당하면서 식량작물 재배를 위한 관개농업이 매우 발전한 곳이지만 최근 극심한 가뭄에 시달리면서 식수조차 구하기 어렵다고 한다. 결국 지하수 개발에 매진할 수밖에 없게 되었는데 이미 북아프리카 국가들의 지하수는 고갈상태에 있다고 유엔환경(UNDP)이 경고하고 있다. 이제는 지하수 개발을 넘어 관개수로도 검토해야 할 처지에 놓여 있다. 1990년 초 우리나라 대기업이 아프리카 북부에 있는 나라인 리비아가 발주한 대수로 공사에 참여하여 외화를 벌어온 일도 있었다.

이미 메마른 인류문명 발상지 4대강

 인류문명 발상지 4대강이 메말라 가고 있다. 물은 인류문명 발상지 중심에 있었다. 인류문명은 큰 강을 끼고 발전하였는데 티그리스강은 메소포타미아 문명, 나일강은 이집트 문명, 겐지스강은 인도 문명, 황하강은 중국 문명을 탄생시켰다. 흔히 4대 문명 발상지로 꼽히는 이 도시들이 큰 강을 끼고 발전했다는 것은 고대에도 물은 식수와 농업과 해상교역 등에서 중요했다는 증거를 찾을 수 있다.

 우리나라도 서울, 부산, 대구 등 대도시들은 강을 끼고 발전했다. 큰 강은 물자 운송에도 크게 이바지하는데 많은 나라에서 강을 이용한 운하가 지역경제에 큰 역할을 하고 있다. 하지만 인구가 늘어나고 사람들이 사용하는 물의 양이 많아지면서 인류문명의 발상지를 가로지르는 강들이 메말라 가고 있다. 티그리스 유프라테스강은 터키에서 발원해서 시리아, 이라크를 거쳐 아랍 해로 흘러 들어간다. 나일강, 갠지스강은 국경을 넘나들면서 흐르다 보니 주변 국가 간에 물 쟁탈전이 심각해지면서 분쟁 위험도 점점 커지고 있다. 중국의 황하강도 메마르기는 마찬가지이다. 황하강은 비록 중국 영토 안을 흐르고 있지만, 발원지에서 시작된 강물을 중간에 있는 큰 도시에서 끌어다 사용하는 바람에 서해까지 다다르지 못하는 신세가 되었다.

 4대 문명의 발상지는 아니지만, 국가 간에 물 분쟁이 극심한 지역을 살펴보면 먼저 요르단강인데 이 강은 사해의 젖줄 역할을 하고 있다. 주변 국들인 레바논, 이스라엘, 팔레스타인, 요르단에서 이 강을 두고 서로 물을 쟁탈하기 위한 분쟁이 지속되고 있다. 옛말에 '문명 앞에 숲이 있었고 문명 뒤에는 황폐지만 남는다' 라는 말이 있는데 현대에는 '문명 앞에 물이 있었고 문명 뒤에는 목마름만 남는다' 라고 바꿔 말해야 할 정도로 심각한 상태가 되었다.

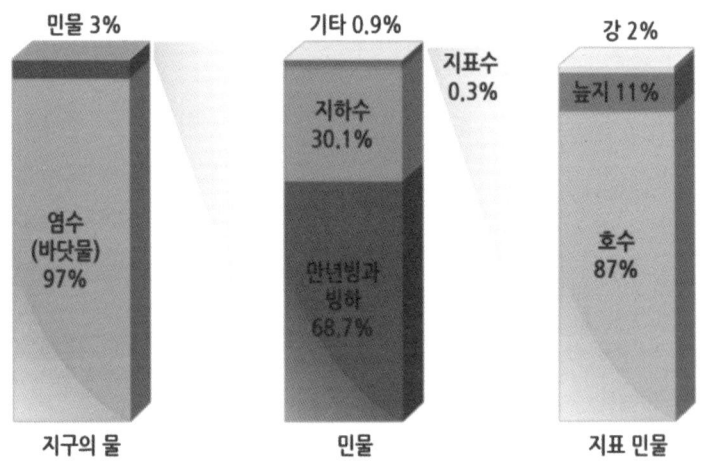

▲세계의 수자원 현황(출처 : 에듀넷)

21세기는 물의 시대

목마른 사람들

세계적으로 800만 명이 물 부족에 시달리고 있는데 2025년이 되면 48개국 28억 명이 2050년에는 전 세계 인구의 70% 이상이 물 부족으로 고통을 받게 될 것이라고 한다. 세계자원연구소(WRI)에 따르면 물이 매우 부족 국가로는 사우디아라비아, 리비아 등이 있고 부족 국가로는 우리나라와 일본, 인도, 호주, 이집트, 칠레, 멕시코, 이탈리아, 몽골, 스페인, 모로코 등이 있다. 약간 부족 국가로는 중국과 미국, 아르헨티나 등이 있다. 하지만 이 구분은 국가별 평균을 나타낸 것이다.

물이 약간 부족한 국가로 분류된 미국의 경우도 캘리포니아 등 서부지역 대도시에는 제한급수가 시행될 정도로 물 부족이 심각하다. 또한 지구온난화로 인한 이상기후로 매년 균일하게 내리던 비가 내리지 않는다면 곧바로 물 부족에 시달리게 된다.

우리나라도 2015년 중부지역에 발생한 국지성 가뭄으로 식수가 부족하여 고통을 받았다. 이때부터 주요 댐을 파이프라인으로 연결하여 필요한 경우에 물을 주고받을 수 있는 시설을 갖추기 시작했다. 하지만 이 경우는 도시민의 식수 공급과 댐 물을 공급받을 수 있는 관개수로가 연결된 지역의 논농사에만 도움을 줄 뿐이다. 하늘에서 내리는 빗물에 의지해야 하는 천수답과 과수원 등은 여전히 물 부족을 겪을 것이 분명하다.

저무는 석유의 시대, 떠오르는 물의 시대

21세기 초에 해당하는 현재까지는 석유 에너지가 세계적으로 막강한 힘을 발휘하고 있다. 하지만 석유 에너지로 인한 지구온난화가 전 세계적인 문제가 되면서 석유 에너지를 대체하려는 움직임이 늘고 있다.

최근 미국은 석유 에너지보다 공해 배출이 적은 셰일가스 생산을 통해서 에너지자립 기반을 마련했다. 미국은 앞으로 100년 동안 사용 가능한 셰일가스전을 개발하여 전 세계 에너지 시장에 값싸게 공급하면서 에너지 빅뱅을 가져왔다. 이를 계기로 브라질과 베네수엘라같이 질이 낮고 생산비용이 많이 드는 산유국에서는 석유가 팔리지 않아 국가 부도 위기에 내몰리고 있어 석유의 시대 종말을 시사하고 있다.

물을 이용한 수소자동차, 식물성 기름을 연료로 사용하는 바이오디젤 자동차, 태양에서 전기를 얻는 기술이 발달 되면서 전기자동차 개발에도 가속도가 붙고 있다. 석유로 먹고살던 아랍의 많은 나라가 석유의 시대가 저물어 가는 것을 느끼고 막대한 오일달러를 이용해서 미래 먹거리 준비에 나서고 있다. 대표적인 나라인 사우디아라비아는 열사의 나라임에도 실내 스키장을 운영하면서 주변 나라들의 스키어들을 불러들이고 있다. 이들 나라에서는 가까운 미래에 석유 에너지 고갈에 대비한 에너지자립의 일환으로 원자력발전소 건설에도 앞장서고 있다. 세계 최대 산유국인 사우디아라비아가 전력산업에 본격적으로 투자하면서 우리나라에서 개발한 한국형 원자력발전소를 구매해 갔다.

　사우디아라비아가 원자력발전소 건설에 박차를 가하는 이유는 무엇일까? 그 중심에 물이 있다. 사막의 나라에 사람들이 많이 모여 살려면 결국 물과 냉방시설이 필요하다. 그중에서도 물이 가장 중요한데 사우디아라비아는 바다를 끼고 있는 나라이기 때문에 바닷물 담수화를 통한 물 확보에 사활을 걸고 있다. 이 나라에서는 원자력발전소에서 얻은 풍부한 전력을 기반으로 바닷물 담수화를 통해 생산한 물을 비싼 값으로 주변 국가에 수출할지도 모르겠다. 아랍권에서는 바다와 접하기 때문에 바닷물을 이용해서 먹는 물을 생산하고 있다. 하지만 바닷물 담수화는 생산비가 높고 환경오염 등 생태계 파괴가 만만치 않다.

　또한 미국 캘리포니아는 최근 가뭄이 장기화하면서 이웃한 주와 물 분쟁을 겪고 있는가 하면 시민들도 물 부족으로 많은 고통을 받고 있다. 앞으로 지구온난화로 인해 더워질수록 물에 대한 수요가 급증할 것은 불 보듯 뻔하다.

　미래에는 물이 세계의 권력으로 자리매김할 것으로 예상되는데 현재도 물은 석유보다 비싸지만 앞으로 점점 더 물이 세계를 지배하게 될 전망이다. 떠오르는 물의 시대를 준비하는 나라가 과거 산유국이 누렸던 호황과 영광을 누리게 될 것이다. 우리나라도 산수국프로젝트를 통해서 다가오는 물의 시대를 발 빠르게 준비해야 할 것이다.

물은 21세기에 가장 중요한 전략자산

　또 하나의 문제는 지하 깊은 곳에서 지구 지각의 한 구성요소를 차지하던 석유를 뽑아 올린 공간에 물이 들어간다면 결국 지구에는 이용할 수 있는 물의 양이 줄어드는 결과를 초래할 것이다.

지구계의 지질권 또는 수권의 영역인 석유 에너지를 뽑아 올려 기권으로 만드는 일에 70억 지구인이 직간접적으로 몰두하고 있다. 수 만 년 동안 땅이나 바다 아래 지하 깊은 곳에 숨어 있던 석유 에너지가 열과 운동에너지 형태로 사용되고 남은 열은 기권에 큰 영향을 주고 있다. 산업혁명 이후 약 300년 동안 석유 에너지를 사용했을 뿐인데 지구 모든 생명체의 존재를 위협하게 되었다.

21세기는 물의 시대이다. 물을 이용하는 데 있어서 두 가지 특징은 물은 순환 자원이라는 점과 눈앞에 보이는 지상 자원이라는 점이다.

지구 표면의 담수 3% 중 사용할 수 있는 양은 고작 1.6%에 불과하다. 나머지는 바닷물과 빙하 형태로 존재하고 있다. 다행인 것은 물은 공기 중에 구름과 이슬, 안개등의 형태로 순환되는 무한자원이라는 점이다. 물은 어떠한 형태로든 지구가 존재하는 한 순환될 것이다. 물론 지구온난화로 인한 국지성 호우 등으로 지역적인 차이가 크지만 어쨌든 물은 순환하고 있다.

석유는 특정 지역에만 매장되어 있는 지하자원이라 지하에서 끌어 올리고 운반해서 사용하는 데 많은 돈과 기술, 에너지가 필요하다. 상대적으로 물은 비, 이슬, 안개 등의 형태로 존재하기 때문에 지구촌 어느 곳에서나 손쉽게 얻을 수 있는 지상 자원이었다. 하지만 지구온난화와 난개발 등의 영향으로 물을 쉽게 얻을 수 없는 지역이 점차 늘어나고 있다. 물은 앞으로도 어느 특정 지역에만 풍요를 가져다주는 소나기, 집중호우 같은 가변적인 형태로 존재할 가능성이 크다. 이미 적도 부근 나라에서는 장마철에 해당하는 우기가 사라졌다고 한다. 그동안 비가 주기적으로 많이 내려서 지구상에서 다우지역으로 불리고 있는 국가나 지역들도 언제 물 부족 국가로 추락하게 될지 모르는 상황에 놓여 있다.

석유 에너지는 지금까지 지구의 거의 모든 경제활동을 움직이는 전략자산 역할을 해왔다면 앞으로는 물이 그 역할을 할 것으로 예상된다. 지금까지는 수소자동차의 원료가 되는 수소의 70%는 석유정제 과정에서 얻었다. 가까운 미래에 수소는 100% 물로 만들게 될 것이다. 많은 기업과 국가 차원에서 이 기술개발에 연구비 투자를 늘리고 있기 때문이다. 이처럼 과거에 석유가 하던 역할을 미래에는 물이 대신하게 될 것이 분명하다.

우리나라 부존자원 산. 넘실넘실 파도를 닮았다.

덕유산국립공원

숲 따라
사라지는 물

물은 산에서 나오는 임산물

여기서 물이 고갈되는 이유와 그 대안에 대해 생뚱맞은 이야기를 하나 해볼까 한다. 숲은 물의 저장고이면서 비를 부른다. 나무는 비와 안개, 이슬을 이용해서 물을 만들어 생육하고 남는 물은 지하수나 계곡물 형태로 흘려보낸다. 하지만 사람들은 가축을 방목하여 식물의 뿌리까지 없애버려 사막에서 식물과 숲을 전멸시켰다. 당연히 비는 내리지 않는다. 비는 식물을 키우기 위해서 내리는데 식물이 없는 사막에는 비가 내릴 이유가 없기 때문이다. 사막은 메말라 죽음의 땅이 되어 가면서도 숲이 없어 비를 부르지 못한다. 언제가 사막의 오아시스에만 비가 내리는 모습을 동화책에서 보았다. 사막의 오아시스는 지표수가 모여서 만들어진 작은 웅덩이인데 이곳에도 야자수가 살기 때문에 가끔 비가 내린다고 한다. 아프리카에서는 물과 땔감을 구하러 수 ㎞를 걸어가는데 그나마 살아남은 숲이 사라지면서 이곳 사람들은 점점 더 먼 곳까지 식수와 땔감을 구하기에 내몰려 고단한 삶을 살아가고 있다.

'옐로우 블럭'을 아시나요

아프리카에서 땔감으로 숲이 사라지는 것을 보다 못한 영국의 과학자가 그곳에 풍부한 바나나껍질과 자기 나라에서 가져간 톱밥을 섞어서 '옐로우 블록'이라는 것을 만들어 보급했다. '옐로우 블록'은 천연접착제인 바나나껍질과 톱밥을 섞어 만든 작은 벽돌 형태의 땔감으로 지금도 아프리카에서는 이 연료를 사용하고 있다고 한다. 또한 취사용 태양집열 조리기구도 보급하고 있다. 필자도 톱밥, 파쇄 종이 등으로 '옐로우 블록'을 만들어 연료로 사용해 보았다. 영국의 과학자는 바나나의 노란색 껍질 색깔을 보고 '옐로우 블록'이라고 했지만, 바나나껍질은 마르면 검은색을 띤다. 그래서 필자가 붙인 이름은 '블랙 포인트 비스킷'이었다. 톱밥과 폐지 등을 혼합한 시제품을 만들어 특허 등록을 시도했지만 화력이 높지 않아 특허까지는 이르지 못했다.

지하수는 고갈되는 유한자원

우리나라는 1960년대 국가 차원의 경제개발 정책을 시행하기 전까지 수천 년 동안 농경 생활을 해왔다. 논농사는 지하수 생성과 관계가 깊다. 논을 논 습지라고 하는데 논에 고인 물은 하루에 2~3cm씩 지하로 내려간다. 그래서 사람들은 관개수로를 통해서 벼가 자라는 15일 동안 계속해서 물을 대준다. 이렇게 내려간 물은 오랜 세월이 흘러야 암반층에 스며들어 지하수가 된다. 옛날에는 논에 농약이나 비료 사용이 거의 없었기 때문에 깨끗한 지하수가 만들어졌다. 하지만 최근에는 도시화와 산업개발로 논이 사라지면서 논 습지를 통한 지하수 생성이 줄어들고 있고, 그나마 남아 있는 논 습지는 농약과 비료의 과다 사용으로 지하수를 오염시킨다는 지적이 나오고 있다. 지하수를 개발해서 사용하다가 물이 고갈되어 사용하지 못하게 되면 해당 지자체인 시군에 지하수공 폐공 신고 후 적절한 방법으로 메워야 한다. 이를 제대로 지키지 않는 사람들이 늘어나면서 버려진 지하수 폐공을 통해서 지상의 오염된 물이 곧바로 지하 대수층으로 흘러들 수 있는 위험에 노출되어 있다. 사용하지 않는 지하수공을 제대로 폐공시키지 않은 것은 공동체의 건강을 위협하는 위험한 행동임에 틀림이 없다.

최근 들어 정부에서는 지하수의 개발과 폐공에 대한 중요성을 인식하고 지하수 관리에 힘쓰고 있지만, 과거에 신고 없이 개발한 지하수공은 파악조차 못하고 있는 실정이라고 한다. 또 한 가지 지하수공 폐공에 다소 비용이 들어가기 때문에 폐공을 미루거나 숨기는 경우도 많다. 우리가 안전하다고 믿고 있는 지하수는 언제 오염될지 모르는 상황에 놓여있다.

최근에는 생수 공장 주변의 마을이 지하수 고갈로 식수난을 겪으면서 생수 업체와 법적인 다툼을 하는 것을 언론을 통해서 보았다. 문제는 지하수 개발 장비의 발달로 매년 지하수를 끌어 올리는 깊이가 점점 더 깊어지고 있다는 것이다. 당연히 끌어올려지는 물의 양도 늘어나는데 지하 300m 지점에서 지하수를 끌어올리면 과거에 250m 지점에 설치된 지하수공에는 지하수의 채취량이 감소하게 되고 결국에는 고갈되어 물이 나오지 않는다. 물은 중력에 의해서 지하 깊은 곳으로 흐르는 특징이 있기 때문이다.

지하수와 도시의 안전

또 하나는 지하수의 흐름이 심상찮다는 점이다. 도시의 지하에 있어야 할 지하수가 필요 이상으로 지상으로 올라오면 여러 가지 문제가 생긴다. 대표적인 문제가 씽크홀인데 멀쩡하던 도로가 갑자기 땅속으로 꺼지면서 차량이 빠지고 길 가던 사람들이 빠지는 사고가 빈번하게 발생하여 도시 사람들을 공포로 몰아가고 있다.

또 다른 문제는 대도시 지하 수위가 계속 낮아지고 있다는 것이다. 도시에는 논 습지도 없고 숲도 없다. 도로는 죄다 콘크리트로 뒤덮여 있고 도시에 내린 빗물은 땅을 적셔 보지도 못한 채 우수관을 따라 빠르게 강으로 흘러 들어간다.

도시에 지하철이 많이 생기고 건물의 높이가 높아지면 높아질수록 지하수의 흐름을 방해할 것이고 도심지 지하에는 지하수가 제대로 공급되지 못한다는 결론에 이르게 된다. 도심의 지하수는 건물의 안전을 위해서도 반드시 필요한 역할을 하는데 말이다. 몇 해 전 여름에 서울시에 게릴라성 집중호우가 발생하여 짧은 시간에 많은 피해를 입은 일이 있는데 이때 발생한 집중호우는 서울시 지하에 지하수 부족이 원인이었다는 연구보고도 있었다.

오염되는 연안 바다

필자가 물 수출에 대한 글을 쓰겠다고 마음먹은 것은 섬진강 기슭에 자리 잡은 하동군 읍내의 한 아파트에 살 때이다. 아파트에서 섬진강이 내다보였는데 여름철에 장마나 태풍으로 홍수가 나면 가늠하기 어려운 정도의 강물이 빠른 물살을 이루면서 바다로 흘러 들어가는 것을 보았다. 그때 '저렇게 바다로 그냥 흘러가는 물을 1리터짜리 생수병에 담아서 팔면 돈이 얼마야' 하는 생각이 들었고 지금의 산수국프로젝트가 탄생하게 되는 계기가 되었다.

우리나라는 백두대간을 중심으로 주요 산맥이 발달하면서 대부분 산이 급경사를 이루고 있다. 또한 삼면이 바다이고 산과 바다가 가까워서 홍수가 나도 약 3~5일이면 그 많던 빗물이 바다로 흘러가 버린다. 이후 강물이 점차 줄어들면서 비교적 깨끗한 물이 흘러 내려온다. 3일 동안 바다로 흘러간 강물에는 진한 흙탕물과 각종 쓰레기와 오물이 섞여 있다. 그래서 여름철 태풍이 지나고 나면 우리나라 연안 바다는 쓰레기로 몸살을 앓는데 이 쓰레기를 치우는데도 큰 비용이 발생한다. 이렇게 많은 양의 흙탕물이 바다로 흘러들면서 가라앉은 흙 입자들이 양식장의 조개류 위에 두껍게 내려앉아 호흡을 방해하여 생육 장애 피해를 주거나 바닷물의 염도를 낮춰 바다 양식 해산물을 폐사시킨다.

또 육지에서 떠내려온 분뇨가 원인인 노로바이러스가 발생하여 굴과 같은 양식 해산물에 기생하면서 식중독을 일으키는 원인이 되기도 한다. 한때 미국 FDA가 인정했다고 해서 청정바다의 대명사로 통했던 통영 앞바다의 양식굴에서 식중독을 일으키는 노로바이러스가 검출되어 미국으로의 굴 수출이 일시 금지되는 일도 있었다. 이처럼 여름철에 홍수로 인해 일시에 많은 물이 바다로 내려가면 여러 가지 문제가 생긴다.

여름철 홍수의 주범, 물을 팔아먹자

여름철에 홍수를 일으키고 바다로 흘러들어 피해를 주는 물을 관리할 방법은 무엇이 있을까 고민을 하다가 외국에 팔아먹자는 결론을 내렸다. 산유국이 20세기에 부자나라 대열에 있었고 지금도 그 후광을 누리고 있다면 산수국은 21세기 부자나라 대열에 들어가게 될 것이다.

우리나라에 내리는 연평균 강수량 1,200㎜ 정도다. 요즘은 국지성 호우가 많아 연평균 강수량도 늘어날 전망이다. 연 강수량의 70%가 여름철 장마와 태풍 때 내리면서 바다로 흘러들어 많은 환경문제를 일으키는 이 물을 체계적으로 관리해서 물 부족 국가에 수출을 하면 어떨까. 바다로 흘러드는 강물의 총량을 줄이면 연안 바다의 오염도 줄이고 외화도 벌어들이며 관련 일자리도 만들어지는 일석삼조의 산업구조를 만들어 낼 수 있다고 본다. 바야흐로 우리나라가 물을 수출을 미래전략산업으로 육성하는 최초의 나라가 되는 것이다.

아랍권에서는 바닷물을 이용해서 민물을 만들어서 사용하고 있다. 민물을 만드는 방법에는 가열법, 역삼투압방식 등이 있으며 1ℓ 당 생산단가는 0.6달러 정도이다. 하지만 이 방식 또한 많은 에너지 사용으로 막대한 생산비용이 발생한다. 이렇게 생산된 물은 결정적으로 미네랄과 같은 영양분이 하나도 없어 바로 식수로 사용할 수 없다. 식수로 활용하기 위해서는 미네랄을 별도로 주입해서 마시기에 알맞은 물을 만드는 복잡한 공정을 거친다. 하지만 우리나라의 깨끗한 계곡 수는 천연 미네랄이 풍부하고 생산비가 낮아 세계인의 입맛을 사로잡을 경쟁력이 충분하다.

우리나라 산림의 공익적 가치는 221조원 (2018년 기준)

- 국내총생산(GDP)의 11.7%, 농림어업총생산의 6.4배, 임업총생산의 92.6배, 산림청 예산의 108배에 해당
- 울창한 우리나라의 산림은 국민 1인당 연간 428만원의 혜택을 주는 소중한 보물

숲이 우리에게 주는 12가지 선물

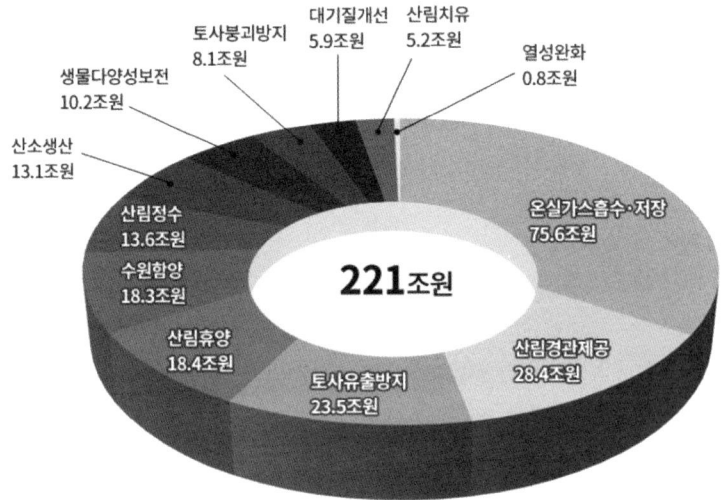

지하수를 만드는 숲의 공익적 가치 환산금액

자료출처: 산림청

물 수출 대국, 대한민국

봉이 김선달의 후예들

예부터 우리나라는 물과 산이 좋은 금수강산을 가진 나라이다. 조선시대 대동강 물을 팔아먹었다는 봉이 김 선달의 설화를 현실로 만들어 볼 것을 제안한다. 봉이 김선달은 돈 욕심이 많은 어리석은 부자에게 얼어붙은 대동강 얼음 위에 볏짚을 깔아서 논 인양 꾸며서 대동강을 팔아 막대한 이익을 얻었다고 전한다. 필자는 대한민국이 먹고 살아갈 '산수국 프로젝트'를 제안한다.

대한민국은 한강, 낙동강, 금강, 영산강 등 4대강 강물은 물론 바다와 가까운 계곡물을 전 세계 물 부족 국가를 상대로 수출하여 미래 국가전략산업으로 발전시켜야 한다. 이 프로젝트는 소설이나 공상과학 이야기와 같이 보이지만 불가능한 현실도 이루지 못할 꿈도 아니라고 본다. 우리는 공상과학이 우리 눈앞에서 실현되고 있는 것을 매일 목격하면서 살고 있으니까 말이다.

물, 대한민국 수출품 1위로 만들자

 좁은 땅을 가진 우리나라의 부존자원은 우수한 인력과 산, 시멘트와 석탄, 고령토 정도이다. 여기에 물이 빠져있다. 시멘트와 석탄, 고령토는 지하자원으로 채광 및 이용에 어려움이 많고 언젠가는 고갈되는 유한자원이다. 하지만 우리나라에 지천으로 늘려 있는 물을 대한민국 수출품 1위로 만든다면 그야말로 황금알을 낳는 산업이 될 것이다. 물론 기후변화로 강수량이 오락가락하고 있지만 앞으로 우리나라 여름철에는 과거에 볼 수 없었던, 상상을 초월할 집중호우와 태풍으로 많은 비가 내릴 것이다.
 최근 세계적인 경기 둔화로 우리나라 수출산업을 주도하던 조선, 자동차, 철강재 수출이 점차 감소하고 있어 근심이 깊어지고 있다. 제조기술이 세계적으로 평준화되고 있어 국제사회에서 살아남기 위해서는 값싼 노동력과 고급화 전략이 필요한 시점이지만 우리나라는 이 전략에서 뒤처지고 있다. 여기에다 값싼 원료와 노동력을 기반으로 한 중국의 저가 공세로 힘겨운 형국이다. 우리나라에서는 기술력을 바탕으로 생산단가를 낮춰서 이를 외국에 수출해 왔지만 나라마다 자국의 산업을 보호하기 위한 소위 보호무역을 강화하면서 어려움에 부닥치게 되었다. 결국 수출을 통해서 먹고사는 우리나라는 전 세계인을 상대로 하는 수출품을 발굴해야 한다.
 필자는 그것이 '물'이라고 말하고 있다. 만약 우리나라의 물이 전 세계로 팔려나가도록 수출드라이브를 건다면 승산이 있다고 본다. 현재 고가의 물이 생수 형태로 세계시장에서 거래되고 있고 파이프라인을 통해서 물을 수출하는 나라도 있다. 말레이시아가 싱가포르에 생명줄인 물을 수출한다. 싱가포르는 경제 대국이지만 물을 자급할 수 없다 보니 물에 관한 한 말레이시아에 귀속되어 있다. 우리나라에서도 일본에 심각한 가뭄이 왔을 때 식수용 물을 수출한 경험이 있다. 우리나라 섬 지방에 가뭄으로 물이 부족하면 선박을 이용해서 식수용 물을 공급하는 방법과 비슷하다.

물을 통한 국제 분쟁 해소와 자원외교

물 전쟁의 역사는 '식량은 왜! 사라지는가'이라는 책에서 찾을 수 있는데 그 내용을 잠깐 소개하고자 한다.

「6일 전쟁(제3차 중동전쟁)이 바로 그것이다. 이 전쟁은 1967년 6월 5일에 발발했다. 이른 아침에 출격한 이스라엘 전투기들은 떠오르는 태양을 등지고 시나이반도로 향했다. 목표는 이집트 공군 기지들로 기습 공격이 계획되어 있었다. 엿새 뒤에 이스라엘은 전쟁에서 승리를 거두었다. 요르단 서안 지구와 골란고원 등의 물은 이스라엘의 통제 아래 들어가게 되었다. 이미 오래전부터 두드러졌던 물 분쟁에 결판이 난 것이다.」

하지만 이 전쟁 이후에도 물 분쟁은 계속되었고 물 분배는 새로운 갈등을 불러온다. 이스라엘은 풍부한 식수를 확보하게 되었지만, 국경을 접하고 있는 팔레스타인 농민들은 몰락할 위험에 처했다. 필자는 빌프리트 봄머트 박사가 쓴 글을 접하기 전에는 이스라엘과 팔레스타인 두 나라의 전쟁은 종교적인 갈등이 불러온 전쟁인 줄 알았는데 생명줄인 물을 두고 전쟁을 하고 있다는 걸 알게 되었다.

물 부족으로 종족 또는 국가 간에 분쟁이 발생한다면 이 분쟁을 해결할 수 있는 최후의 수단은 바로 '물'이다. 아프리카, 중동의 일부 나라에서는 지구온난화의 영향으로 우기에도 비가 내리지 않아 식수난에 허덕이고 있다. 따라서 아프리카의 많은 어린이는 공부 대신 집에서 수 km 떨어진 우물이나 호수까지 먹을 물을 길러 나르는 노동에 시달리고 있다. 이러한 아프리카 지역에 우리나라의 물을 수출하자는 것이다. 유조선 한 척에 원유를 가득 싣고 오면 우리 국민이 약 한 달 동안 취사와 난방, 자동차 원료, 발전용 석유 에너지 등에 사용할 수 있는 양이 된다. 우리나라 조선 기술로 퇴역한 유조선을 수조선으로 개조하여 아프리카의 여러 나라로 물을 수출한다면 그 나라에서는 수조선 한 척당 최소 한 달 정도는 사용할 수 있을 것이다. 그곳에서는 인구도 적고 수영장도 없어 마시는 물 이외에 물 사용량이 많지 않기 때문이다. 먹을 물이 풍족해지면 물 부족으로 인한 분쟁은 크게 줄어들 것으로 본다. 우리나라는 아프리카 대륙에서 가장 필요한 물을 수출하고 그 대금으로 그 나라의 풍부한 지하자원으로 물물교환도 가능할 것이다. 원조외교란 돈이 많은 선진국에서 돈과 기술이 없는 못사는 나라에 공짜로 국가 인프라를 건설해주고 대신 그 나라의 자원개발 독점권 등을 얻고자 하는 것이다. 원조사업으로는 도로 건설, 항만 및 공항 건설과 같은 사회기반 확충사업은 물론 학교설립, 지하수개발 등 다양하다.

선진국에서는 자기 나라의 기업들이 원조를 받는 나라에 진출하는 기회를 제공하는 통로로 원조사업을 활용하고 있다. 결국에는 자국의 이익을 목적으로 원조사업을 펼치고 있다는 것이다. 세상에 공짜는 없는 것이 분명하다. 하지만 지금 아프리카에 필요한 것은 물이다. 앞에서 말한 선진국들도 물은 원조하지 못하고 있다. 이들 나라 역시 물 부족에 시달리고 있기 때문이다. 역발상으로 우리나라서는 물과 수도시설을 원조하자는 것이다. 물을 기반으로 하는 상, 하수도사업은 물론 물 관리산업에도 우리나라 기업들이 참여할 수 있다.

우리나라 대기업에서는 아랍과 아프리카 지역에 바닷물 담수화 플랜트 수출을 해나가고 있는데 이 또한 원조사업으로 활용한다면 아프리카의 많은 나라가 고마움을 느껴 우리나라와 더 많은 교역을 하게 될 것이고 우리의 위상도 덩달아 높아질 것이다.

유조선 평형수 대신 생수 공장을 싣자

산수국프로젝트가 성공하기 위해서 먼저 시범 수출사업을 제안하는 바이다. 이 시범사업은 바다 환경도 살리고 산수국프로젝트의 성공 여부를 가늠해 볼 수 있는 시험 무대가 될 것이다.

아랍의 산유국에서 출발한 유조선이 우리나라 여수 석유화학단지에 원유를 내리고 나면 유조선이 균형을 잡기 위해서 배의 제일 아래쪽에 있는 밸런스탱크에 바닷물을 채우는데 이를 평형수라고 한다. 이 평형수는 배 전체 부피의 약 30% 정도를 채우는데 이렇게 해야 배의 균형이 잡히는 것은 물론 운행할 때 속도를 높여주는 역할을 한다. 하지만 다시 원유를 싣기 위해서 아랍의 항구에 도착하면 이 평형수는 이제는 필요가 없어 바다로 버려진다. 이때 우리나라 남해안에서 싣고 간 바닷물을 그대로 바다에 버리면 바다 생태계에 교란이 일어난다. 이 때문에 2004년 국제해사기구(IMO)가 채택한 평형수 관리협약에 따라 화학약품 처리, 전기 자극 등 여러 가지 방법으로 소독처리를 해서 버리게 된다. 따라서 큰 비용이 드는 것은 물론 소독약품 등으로 인한 2차 환경피해가 발생하게 된다.

우리나라의 한 기업이 친환경적인 평형수 처리 방법을 개발해서 많은 돈을 벌고 있다는 내용을 신문에서 본 적이 있다. 평형수를 시범적으로 수출하는 방법은 비교적 간단하다. 유조선에 평형수를 채울 때 바닷물 대신 깨끗한 1급수 계곡물을 채우는 것이다. 이 평형수는 멸균되어 저온 상태로 운반되기 때문에 고온의 적도의 바다를 지나가도 변질 없이 아랍의 산유국 항구에 도착하게 된다. 이후 항구에 마련된 전용 파이프라인으로 생수 가공업체 공장으로 운반되면 다시 한번 소독작업을 거친 후 생수병에 담아 판매하면 되는 것이다. 가공을 거친 생수는 보관 기간이 1년 정도 되는데 이 깨끗한 생수를 아랍권 사람들에게 비싸게 판매하도록 하는 것이다. 이렇게 하면 평형수를 바다에 버리는 비용을 절감하고 환경오염 문제를 해결함은 물론 업체에서는 오히려 평형수로 가져간 생수 판매수익으로 이윤을 남겨 기업경영에 보탬이 될 것이다. 이 간단한 방법을 두고 평형수는 그동안 바다 생태계를 오염시키는 주범으로 몰리기도 했다. 사실 평형수를 소독해서 버리도록 국제법이 마련된 것은 불과 십여 년밖에 되지 않는다.

 2030년이 되면 물은 석유보다 2배 이상 비싸게 될 것이 분명한데 지금도 생수 기준으로 보면 물값이 석유보다 비싸다. 이처럼 평형수를 이용한 우리 물 시범 수출이 성공하면 이제 본격적인 물 수출을 추진해야 한다. 물 수출 전용선인 수조선을 만드는 것인데 이 배는 퇴역한 유조선을 개조하면 쉽게 만들 수 있다.

대한민국 수조선(水槽船), 세계를 누비다.

 유조선은 산유국의 석유를 운반하는 배를 말하는데 우리나라가 물을 수출하기 위해서는 전용 배가 있어야 한다. 이 배를 수조선이라고 부른다. 수조선은 유조선보다 건조 비용이 저렴하다. 이유는 유조선은 충돌 등 얘기치 못한 사고로 인해서 원유가 바다로 유출될 경우 엄청난 해양 생태계 피해가 발생하지만 수조선은 배에 구멍이 나도 사실 해양오염은 거의 없다. 수조선에 실린 물은 민물이기 때문에 바다로 흘러들어도 석유와 같은 해양오염은 거의 일으키지 않는다. 당연히 보험료도 저렴할 수밖에 없는데 석유회사에서는 만약에 일어날 수 있는 원유 유출에 대비해 천문학적인 보상을 받을 수 있는 국제보험을 의무적으로 들어 두고 있다.

우리나라에서 만들어진 수조선에는 수출 전용선이기 때문에 배 안에 생수 가공시설이 마련되어 있다. 저온 멸균된 물은 펌프를 통해서 항구의 저장 탱크로 옮겨지고 다시 운반용 탱크로리를 통해서 물을 수입한 나라의 곳곳으로 유통되는 구조를 가진다. 지금 우리나라에 들어온 석유가 정유공장에 정유 과정을 거친 후 차량 탱크로리 또는 기차 전용 탱크로리를 통해서 전국의 주유소로 배달되는 구조라고 보면 될 것이다. 우리나라는 2025년 1대의 수조선으로 물 수출을 시작해서 2030년이 되면 100대 이상의 수조선을 보유하게 될 것이다. 수조선 전용항구는 지리산과 섬진강을 끼고 있는 광양항과 설악산과 내린천을 끼고 있는 속초항, 한라산 돈내코 계곡을 끼고 있는 서귀포항 등 전국적으로 깨끗한 계곡물이 있는 곳이면 어디든지 가능하다.

항구 주변 수출전용 저수지

우리나라가 산수국이 되기 위해서는 여름철에 철철 넘치는 강물을 가두어 둘 저수지가 있어야 한다. 여름철에는 물주머니 뗏목이 깨끗한 계곡물을 바다로 운반해 줄 것이다. 하지만 이것만으로는 연중 물을 수출하기에는 어려움이 많다. 그래서 수출품 저장고인 저수지를 건설해야 하는데 육상과 바닷속에 두 곳에 물을 가두어 두게 된다.

　육상저수지에 물을 채우는 방법은 두 가지가 있는데 하나는 계곡이나 강물의 높이차를 이용해서 강 상류 쪽에 유입구를 만들어 수로를 따라 무동력으로 저수지에 물을 채우는 방법이 있다. 두 번째는 저수지 아래쪽에 대형 펌프장을 설치해서 강물을 끌어다 채우는 방식인데 양수기를 가동하기 위해서는 전력이 필요하다. 심야전기를 이용한다면 얼마든지 환경을 지키면서 비용도 절감할 수 있을 것이다. 이 저수지에 채워지는 물은 홍수가 나서 짙은 흙탕물과 쓰레기가 바다로 흘러가고 난 이후 약 5일째부터 가두기 시작하면 정화하는 데 비용이 적게 들 것이다. 건설비용이 많이 드는 육상저수지 대신 더 넓은 바닷속에 저수지를 건설하는 방법도 있다.

바닷속에 민물 저수지

　바닷속에 민물을 저장하는 저수지를 만든다면 육상에 저수지를 건설하는 것보다 비용 절감은 물론 공간 활용이 좋을 것이다. 바닷속은 낮은 수온으로 인해 민물을 오랜 기간 신선하게 유지할 수 있는 장점이 있어서 앞으로 바닷속에 이러한 민물 저수지를 만들 수 있는 기술력을 확보해야 한다. 이 기술이 상용화된다면 우리나라는 물 부족 국가에서 벗어날 수 있다. 만약 350만 부산 시민이 1년 동안 사용할 물을 부산 앞바다에 저장할 수 있다면 우리나라는 물 부족 국가에서 벗어날 수 있다고 확신한다. 이 바닷속 민물 저수지는 육상저수지와 함께 물을 수출하는 데 꼭 필요한 시설들이다. 그러면 이 바닷속 민물 저수지에는 물을 어떻게 채울 것인가? 물을 옮기기 위해 개발된 물주머니 뗏목을 이용하면 된다.

수중 드론형 물주머니 뗏목

부산 시민들이 마시는 물은 여름철과 같이 낙동강에 수량이 많으면 문제가 없겠지만 겨울철 갈수기에는 원수의 수질이 나빠 정화를 해도 식수로 사용하기 어려운 지경이다. 낙동강의 갈수기 물 부족을 해결하기 위해서 4대강 사업을 통해 보를 설치해 원수를 확보하였지만 홍수기인 여름철에는 녹조류의 이상 증식으로 녹차라떼라는 오명을 얻었고, 그것도 모자라 원수에서 독소가 검출되는 일도 있었다. 이 역시 매년 반복될 전망이다. 그렇다고 4대강 사업으로 만들어진 보가 갈수기인 겨울철에 안정적인 수량을 유지하는 보장도 없는 실정이다. 이래저래 낙동강 물을 원수로 사용하는 부산 시민들은 수돗물을 불신할 수밖에 없다.

부산 시민들의 식수는 무엇일까? 당연히 생수와 정수기 물이다. 350만 부산 시민이 생수를 하루에 1리터씩만 350만 리터의 지하수가 사라지는 것이다. 350만 리터가 1년 동안 쌓이면 수십억 리터의 지하수가 사라진다. 우리나라의 생수는 전부 지하수이기 때문인데 비싼 세금으로 만들어진 수돗물은 식기 세척, 세탁이나 화장실 등 허드렛물로만 이용되고 있다. 수돗물을 먹는 방법은 끓여 먹거나 밥을 짓는 정도이다. 먹는 물 사정이 이렇다 보니 부산 시민들에게 깨끗한 1급수를 생활용수로 공급하겠다는 정책이 나왔었다. 몇 해 전 정부와 경상남도에서는 낙동강 물을 원수로 사용해서 식수를 해결하고 있는 부산지역에 깨끗한 생활용수 공급을 위해 지리산에 식수용 댐을 건설하겠다고 발표를 했다. 문제는 지리산댐 본체 건설비용에 막대한 돈이 들어가는 것뿐만 아니라 지리산댐 물을 부산까지 끌어가기 위한 파이프라인 건설에 수조 원이라는 천문학적인 돈이 들어간다고 한다. 그렇다면 천문학적인 세금을 들여서 파이프라인을 설치하기보다는 간단하게 물을 옮기는 방법은 없을까? 있다. 바로 신개념 수상 드론형 물주머니 뗏목을 사용하는 것이다. 물주머니 뗏목은 특수재질의 비닐로 만들어 질기면서도 유연성이 아주 강하며 GPS 장치가 탑재되어 위치추적이 가능하다. 물 위를 자유자재로 움직일 수 있는 드론을 생각하면 된다. 바다에 도착하면 수거 장치에 연결되어 스스로 바닷속 저수지로 이동하거나 필요한 장소에 도착한다.

  물주머니 뗏목이라는 말은 물주머니를 5~10개씩 묶어서 하류로 내려보내기 때문에 붙여졌다. 과거에 내륙의 나무를 바다까지 운반할 때 나무와 나무를 연결해서 뗏목을 만들어 하류로 떠내려 보냈다. 강의 하류나 바다에 도착한 뗏목은 나무가 서로 연결되어 있어서 수집이 쉽고 분실될 우려가 거의 없었다. 물주머니 뗏목 역시 물주머니를 서로 연결해서 떠내려 보내면 된다.

새로운 생활용수 공급법

  물주머니 뗏목에 물을 담기 위한 장소는 큰 강의 본류와 만나는 소하천 또는 계곡 중 상류에 민가, 축산농장 등 오염원이 전혀 없고 유량이 많은 곳을 선정한다. 맑은 계곡물이 큰 강으로 흘러들기 직전인 장소를 선정해서 물주머니 투입 장치를 설치하면 된다. 물주머니는 규격이 가로와 세로 각 10m, 높이 5m로 하나에 500t의 물이 담긴다. 리터로 환산하면 50만 리터가 된다. 한 개의 물 항아리에 담긴 깨끗한 계곡 수를 멸균해서 1ℓ 짜리 생수병에 담으며 50만 병이 나온다. 이 뗏목 6개만 있으면 350만 부산 시민이 하루 동안 마실 수 있는 생수가 만들어지는 셈이다.

　여름철에 장마나 홍수로 유량이 많으면 물주머니 한 개에 물을 가득 채우는 데 걸리는 시간은 5분이면 된다. 하루면 수백 개의 물주머니가 뗏목으로 만들어져 하류로 떠내려 보낸다. 낙동강을 유유히 흘러 바다와 만나는 하구 집하장에 도착한 물주머니 뗏목은 유도장치를 따라 운반되어 바닷속 저수지를 채운다. 부산시에서는 바다 저수지 물을 소독해서 전용 파이프라인으로 생활용수를 공급하면 된다.

　기존의 부산시 내 상수도 파이프라인이 내륙에서부터 시작되어 바다 저수지와 연계가 되지 않는다면 해상 또는 바닷속 저수지와 가까운 육상에 상수도사업소를 만들면 된다. 해운대 등 해안가를 끼고 있는 지역부터 부분적으로 시범 공급해보면 좋겠다.

2030년
물이 만드는 새로운 세상

산수국프로젝트의 다양한 전망

 우리나라가 산수국프로젝트를 시작하고 나면 매년 발생하는 장마와 태풍이 대한민국을 풍요롭게 먹여 살리게 될 것이다. 물을 수출하기 위한 기반산업을 조성하기만 하면 수년 내에 물 수출 대국으로 자리 잡을 수 있다. 이때가 되면 수출용 물을 담아두는 육상과 바닷속 저수지가 많이 늘어나면서 장마와 태풍으로 인한 홍수 피해도 크게 줄일 수 있을 것이다. 덩달아 세계인들이 1년 동안 마시고 사용할 수 있을 정도의 물을 가득 채우게 될 것이다.
 산수국프로젝트가 본격적인 궤도에 오르면 국내 물 부족 사정도 한층 나아질 것이고 지방자치단체 간에 있던 물 분쟁도 줄어들 것이며 지하수도 풍부해질 것이다. 육상에서 바다로 흘러드는 물의 양이 줄어들면서 연안 바다의 오염과 바닷물이 크게 묽어져 일으키는 양식 어패류의 피해도 예방하게 될 것이다.
 2030년이 되면 여름철 물놀이를 위해서 우리나라를 찾는 사람들이 늘어날 것이다. 현재 동남아 사람들이 겨울철에 우리나라에 스키를 타러

오듯이 여름철에는 물과 관련된 피서용 관광 상품과 물 부족으로 인해 발생하는 각종 피부질환, 황사로 인한 정신적인 스트레스 등을 치료하는 의료서비스 관광 상품도 만들어질 것이다.

 특히 중국 사람들은 무더위와 물 부족에 지쳐 우리나라로 물놀이 피서를 오게 될 것이다. 이 시기가 오면 중국에서는 물 부족으로 인해서 여름철에 워터파크와 같은 대량으로 물을 소비하는 레저산업은 사양길로 접어들 것이기 때문이다. 먹을 물도 부족한 시기에 수천 명이 먹고 마실 수 있는 물을 하루도 아니고 여름철 내내 더위를 시키는 용도로 사용한다는 것은 불가능할 것이다.

 중국을 청도지역을 대표하는 칭00맥주가 유명한 이유는 과거에 독일 사람들이 모여 살았기 때문에 맥주 산업이 발달했다. 맥주 산업은 맑은 물이 제일 중요한데 원료가 되는 맑은 물이 부족해서 우리나라 물을 수입해서 칭00맥주들 만들게 될지도 모르겠다. 청도지역은 제철산업과 화력발전소, 원자력발전소가 모여 있어 지하수를 비롯한 수질오염이 가속화되고 있다고 한다.

 2015년 미국 서부지역에 최악의 가뭄이 지속되면서 이 지역에 사는 사람들은 물에 대한 고마움과 필요성을 절실히 느꼈을 것이다. 사막 한가운데 자리를 잡고 있는 로스엔젤리스와 캘리포니아주에서는 제한급수를 하는 것도 모자라서 잔디에 과도한 물을 주지 못하도록 하는 법까지 만들었다. 물 부족으로 누렇게 말라죽은 잔디 위에 도시경관을 위해서 초록색 페인트를 뿌리는 것을 본 시민들의 마음은 어땠을까? 여기에 더해 극심한 가뭄으로 대형 산불이 발생하면서 사람들의 보금자리가 불타고 많은 면적의 숲이 잿더미로 변해버렸다. 이처럼 물 부족이 심해지고 있는 이들 지역은 2030년에는 얼마나 심각해질지는 짐작이 가고도 남는다. 미국 내에서도 는 머나먼 사막에 물을 공급할 수 있을 정도로 풍부한 물을 가진 자치주가 없다. 미국의 동부지역에 있는 주에서는 물이 풍부하다고 하지만 이 물을 수천 킬로미터 떨어진 서부까지 파이프라인으로 이용해서 보내는 데에는 한계가 있다. 이들 도시에도 우리나라의 물 수입을 통해서 물 부족을 해결해야 할지도 모를 일이다.

최근에 미국은 셰일가스 개발로 세계 최대의 산유국이 되면서 중동의 산유국을 길들이기 위해서 셰일가스를 싼값에 공급하고 있다. 하지만 앞에서 말한 바와 같이 '셰일가스는 물 먹는 하마'인데 신기술 개발로 과거보다 물을 적게 사용한다고 하지만 결국 물이 있어야 채굴이 가능하다. 미국도 물 부족으로 셰일가스를 생산할 수 없는 세계 최대 산유국의 딜레마에 빠질지도 모르겠다. 이미 미국 중부 곡창지대에서는 셰일가스 생산으로 인해 곡물 생산용 지하수 부족을 호소하고 있다고 한다. 셰일가스는 중국에도 많이 매장되어 있지만 채굴하는 데 막대한 물이 필요한데 물 부족으로 인해 채굴을 하지 못할 수도 있다고 한다.

물 수출로 연간 수 십조 원을 버는 대한민국

21세기는 물과 숲의 시대로 우리는 물의 시대가 이미 시작되었음을 빨리 인식할 필요가 있다. 우리나라가 산수국프로젝트로 물을 수출하는 기반을 빠르게 진행한다면 물을 금으로 바꾸는 연금술이 될 수 있다. 2030년 산수국프로젝트가 완성되면 우리나라는 물 수출로 연간 수백조 원을 벌어들이게 되고 수출품 1위는 물이 될 것이다. 톤당 50만 원인 생수 가격으로 환산해 보면 2백억 톤이 수출되는 셈이다. 2백억 톤이라는 물의 양은 29억 톤을 담수할 수 있는 소양강댐 7개가 필요한 엄청난 양이다.

굴뚝 없는 산업이라는 말은 이런 물 수출산업을 말하는 것으로 전 세계적으로 물의 수요가 크게 늘어날 것이기 때문에 물이 석유보다 월등히 비싸진다. 하지만 우리나라는 산수국프로젝트를 통해서 전 세계에 물을 수출하는 나라가 되면서 물 수출은 물론 관련 기술을 해외에 이전하여 로열티 수입과 기술자 파견, 부품소재 수출 등 물 수출 관련 산업이 동반 성장 하게 될 것이다.

현재 우리나라 수자원 공사에서는 필리핀과 캄보디아의 물 관리사업에 참여하고 있다. 태풍의 길목에 있는 필리핀은 육지의 높이가 해수면과 비슷해 홍수가 나면 침수로 인해 국가적으로 큰 피해를 보고 있다. 필리핀과 같은 나라에는 댐을 막을 수 없으므로 강물이 바다로 빠르게 흘러가도록 수로시설을 만들고 있지만, 만조가 겹치면 내수가 차서 홍수 피해를 입기는 마찬가지이다. 이 나라에는 바닷속 저장시설을 만들어 빗물을 하류로 빠르게 흘러가도록 한다면 홍수를 예방할 수 있을 것이다. 더불어 그 물을 식수로 이용할 수 있는 기술을 개발하여 수출한다면 더욱 좋을 것이다.

중국, 대한민국 물을 가장 많이 수입하는 나라

앞으로 중국도 우리나라 물을 가장 많이 수입하는 나라가 될 것이다. 중국경제가 비약적으로 발전하면서 도시화가 가속되고 생활 수준이 올라가면서 물 부족이 심각한 실정이다. 중국에서는 물 부족을 해소하기 위해서 쓰촨성 일대에 세계 최대 규모를 자랑하는 싼샤댐을 건설했다. 이 댐에 담긴 물의 양이 얼마나 많은지 땅속 지층에도 영향을 줄 정도인데 쓰촨성 일대에 많은 지진이 발생하고 있다는 이야기도 나오고 있다. 현재 중국은 내수경제 활성화를 위해서 인구 100만 명이 생활할 수 있는 소규모 도시건설에 나서고 있지만, 생활용수를 어떻게 마련할 것인가를 고민하고 있다고 한다.

중국에서는 서해로 흘러드는 황하강이 제일 큰 강인데 물 색깔은 매우 탁하다. 상류 지역의 토사가 섞이다 보니 항상 황토색을 띠고 있어서 황하강이라는 이름이 붙여진 것이다. 서해를 중국에서는 황해라고 부르는 이유 또한 황하강물이 흘러들어 바닷물의 색깔이 황토색을 가지기 때문에 붙여진 이름이다. 이러한 황토색 강물은 정화하는데 더 큰 비용이 든다. 최근에는 황하강의 상류에 많은 도시가 건설되면서 이 강물을 가져다 먹는 바람에 중국의 제일 큰 강이 실개천으로 변해버릴 것이라는 전망이 나오기도 한다. 중국은 우리나라 물이 가장 필요한 나라로 환경이 점점 변해가고 있다.

세계인들이 가장 마시고 싶은 대한민국 물

물 부족으로 인해서 세계의 곡창지대로 불리는 미국, 우크라이나와 같은 나라들에서 생산되는 농작물 생산량이 크게 줄어들 것이 예상된다. 그동안 저렴했던 곡물과 이를 먹이로 키운 축산물 가격이 올라가고 자연산 신선한 채소를 맛보기가 점점 어려워질 것이다. 현재 농업의 발전상을 잠시 살펴보면 빌딩 내에서 토양을 대신하는 배양액과 LED 조명을 이용해서 채소 등을 길러내는 이른바 식물공장이 자리 잡고 있다. 농업 분야에서는 이 식물공장을 21세기 가장 유망한 산업으로 인식하고 투자를 늘려가고 있다. 하지만 토양과 신선한 햇볕이 길러낸 채소와 비교하면 별로 먹고 싶은 마음이 들지 않는다.

우리나라에서 만들어지는 물은 저온 멸균처리만 거치면 최고상품의 물이 된다. 우리나라에 시판되는 프랑스, 이탈리아 국가의 상표를 가진 생수는 알프스산맥의 만년설을 녹여서 만든 생수로 우리나라는 물론 전 세계를 상대로 비싼 값에 판매하고 있다. 이 생수의 가격이 비싼 이유를 살펴보니 생수를 만든 만년설은 오염을 가져온 산업사회 이전에 내린 눈이 쌓여 만들어진 것이며 또한 각종 천연 미네랄이 많이 녹아 있어 몸에 좋다고 광고하고 있다.

우리나라의 물도 알프스산맥의 만년설 못지않게 몸에 좋은 미네랄이 많이 녹아 있다. 게르마늄과 철분같이 다양한 성분을 가지고서 물맛도 좋은 생수를 생산하여 세계인의 입맛을 사로잡아야 하겠다. 아프리카의 물 부족 국가에서는 마시는 물을 습지나 웅덩이에서 길러다 식수로 사용하는데 동물들과 함께 이용하다 보니 항상 흙탕물을 띠는데 눈으로 보아도 깨끗하지 않다. 과거에는 우기에 많은 비가 내려 이 물을 마셔도 큰 문제가 없었다고 하지만 최근에는 가뭄이 계속되면서 이 물을 마시는 사람들이 집단 식중독을 일으키기도 하는데 이 물마저도 말라버려 물을 찾아 헤매는 경우가 많다고 한다. 흙탕물만 보아온 이런 나라 사람들이 우리나라 물 색깔과 맛을 보면 "세상에 물이 이렇게 깨끗하고 맛있을 수 있나"라고 하면서 감탄할 것이다.

물을 지키는
생각과 행동

대한민국은 물 분쟁 중

 우리나라는 유엔이 정한 물 부족 국가다. 이를 증명이라도 하듯이 지방자치단체 간 물로 인한 분쟁이 많이 일어나고 있다. 대표적인 사례 세 가지를 소개해 본다.
 먼저 섬진강을 둘러싼 경우인데 전라남도에서는 광양시에 식수와 공업용수 공급을 위해서 경상남도 하동군 악양면 평사리공원 맞은편에 취수원을 만들어 하루에 수십 톤의 원수를 취수하고 있다. 문제는 섬진강 본류에서 내려오는 강물이 줄면서 바닷물이 점점 강을 거슬러 올라온다는 점이다. 피해는 고스란히 하류 지역주민들이 입게 된다. 섬진강 하구 지역에 있는 광양시 다압면에서는 논농사를 짓기 위해서 지하수를 끌어 올리면 바닷물이 올라와서 벼농사를 지을 수 없을 지경이라고 한다.
 반대편 하동군 쪽에서도 재첩잡이로 생계를 꾸려나가고 있는 어민들은 바닷물이 올라와 재첩이 폐사하면서 채취량이 감소하고 있다고 피해를 호소하면서 보상을 요구하고 있다. 섬진강은 상류에 5개의 댐이 있지만, 전라남도 주요 도시의 식수와 공업용수를 공급하기에도 모자란다고 한다. 앞으로 인구 밀집과 산업구조 확대로 섬진강을 끼고 있는 지방자치단체 간의 물 분쟁이 심화될 전망이다.

국보 문화재 보다 먹는 물이 먼저

다음은 식수와 선사시대 유물 보존을 위한 울산광역시와 문화재청 간의 물 분쟁 이야기다. 울산시민들의 식수원인 사인댐 상류에는 우리나라 선사시대 유물인 국보 제285호 반구대 암각화가 있다. 반구대 암각화는 동아시아 지역의 선사시대 생활사 등을 연구할 수 있는 중요한 사료이지만 반구대 암각화가 물에 잠기는 경우가 자주 발생하면서 보존에 큰 문제가 생기고 있다. 돌이라는 물질은 젖었다 말랐다를 반복하면 풍화작용이 가속화된다. 이에 문화재청에서는 울산시가 사인댐의 수위를 15m 정도 낮추면 반구대 암각화의 훼손을 막을 수 있다는 입장인데 울산광역시에서는 식수난 해결을 위해서는 댐의 수위를 낮출 수 없다는 입장을 고수하고 있다.

울산광역시에서 절수 방안을 만들어 내든지 아니면 식수 댐을 다른 곳에 추가로 건설하는 방안 등을 마련하든지 해야 할 텐데 손을 놓고 있다. 지방자치단체와 중앙부처 간의 힘겨루기로 후손들에게 물려줄 선사시대 유물만 애꿎은 피해를 보고 있는 건 아닌지 답답하기 그지없다. 하지만 한편으로 생각해 보면 국보급 문화재보다 먹는 물이 더 중요하다는 것을 단편적으로 보여주는 사례라 하겠다.

문화재청과 시민사회단체들은 반구대 암각화 보존을 위해 기존 만수위 기준 60m에서 52m로 수위를 낮추자고 제안하고 있다. 52m로 낮출 경우 반구대 암각화는 평상시 물에 닿지 않아 훼손을 크게 줄일 수 있다.

자료출처: 나무위키

농사를 망치는 지하수 부족

마지막으로는 농업용 지하수 고갈 문제를 이야기하고자 한다. 남강을 중심으로 경남 진주시 대곡면과 금산면 들판에는 비닐하우스 시설재배 농가가 밀집해 있다. 이곳에서는 겨울철에 따뜻한 지하수를 이용해서 비닐하우스 난방을 하는데 일명 '수막'으로 불린다. 땅속의 따뜻한 지하수를 끌어올려 스프링클러로 비닐하우스 3중 비닐 천장에 뿌려주면 난방용 기름을 절약할 수 있기 때문에 대규모 하우스에서는 이 방법을 오랫동안 사용해왔다. 실제로 겨울철에 하우스 천정을 거쳐 밖으로 배출되는 물은 김이 모락모락 피어오를 정도로 따뜻하다. 하지만 몇 해 전부터 지하수가 고갈되면서 식물 관수용 지하수마저 부족해지면서 농민들이 애를 태우고 있다. 급기야 소방차로 식물관수용 물을 공급하는 일도 있었다. 이 지하수는 남강의 강물이 모래 속으로 침투하면서 만들어지는 강변 여과수인데 만들어지는 지하수량보다 사용량이 더 많아 부족해진 탓이다.

 진주시에서는 지하수 생성을 돕기 위해서 남강을 가로질러 보를 쌓아 물의 흐름을 느리게 하는 고육지책을 사용하고 있다. 다행히 농민들이 지하수 사용을 줄이면서 지하수 부족 현상은 다소 나아졌다고 하지만 지하수 부족은 여전히 진행 중이다.

 이 밖에도 지하수 고갈 문제로 개인과 개인, 마을과 기업 등이 법정 다툼을 하는 경우도 비일비재하다. 이처럼 우리나라도 물 분쟁이 점점 많아지고 있지만 물을 아껴야 한다는 절박한 인식이나 물 절약을 위한 정부 차원의 절수기구 보급 등 법률적, 제도적 뒷받침은 아직 부족한 실정이다.

미래에는 물을 지배하는 국가만 살아남는다.

 일본에서는 도시 지하에 대형 저류조를 만들어 홍수가 나면 순식간에 빗물이 이 저류조로 스며들어 바다로 흘러가도록 하고 있다. 또한 저류조에 모은 빗물을 중수도 등으로 사용하는 기술도 상용화되었다.

 우리나라에서는 몇몇 기업에서 절수 용품을 개발해서 보급하고 있지만, 정부의 지원과 국민적인 절수에 대한 인식 부족으로 고전을 면하지 못하는 실정이다. 사정이 이렇게 된 이유는 우리나라의 물값이 너무 저렴해서 사람들이 정말 함부로 낭비하기 때문인데 정부에서는 물값을 올리는 데 국민의 눈치를 보고 있는 것이다.

 미래에는 물을 지배하는 국가만이 잘 살 수 있다고 본다. 물은 사람들에게 없어서는 안 될 생명줄이기 때문에 국제적인 물 분쟁은 가속화될 것이며 우리나라에서도 물로 인한 다툼이 늘어날 것이다.

 석유보다 더 소중한 물을 지키고 자원화하기 위해서 물은 공공재라는 국민적인 인식이 있어야 하는데 많은 사람이 사유화하려고 한다. 돈과 기술력으로 나만 더 깊게 지하수공을 뚫어서 맑은 물을 퍼 올려서 사용하겠다는 생각이 유한자원인 지하수를 고갈시키고 있다. 이 밖에도 처리비용을 아끼기 위해서 비만 오면 배수관을 통해서 온갖 나쁜 오폐수를 몰래 흘려보내는 비양심적인 기업과 축산농가, 무분별한 생활하수 방류가 지하수를 오염시키고 강과 바다를 병들게 한다. 인류의 생명줄인 물을 아낄 수밖에 없는 사회시스템이 마련되어야 한다.

제주도 생수는 제주도에서만 소비하자

 제주도가 세계적인 휴양관광지로 발돋움하면서 중국 등 외국자본이 들어와 대형 건물과 복합리조트 건설, 물먹는 하마로 불리는 골프장 개발이 한창이다. 외국인들이 늘면서 국제범죄 등 많은 문제가 발생하고 있지만 제일 큰 문제는 물 부족이다.

 제주도는 우리나라에서 가장 많은 강수량을 자랑한다. 하지만 제주도에서는 식수용 댐을 만들 수 없는 토양구조 때문에 지하수에 의존하고 있다. 과거에는 겨울에도 한라산에 눈이 많이 내리고 전국 제일의 강수량으로 물 부족이 없었다지만 수요가 크게 늘면서 제주도 역시 물 부족이 예상되고 있다.

여기에다 제주특별자치도에서 수익사업으로 생수 개발에 나서면서 청정 제주의 이미지가 담긴 지하수가 우리나라 전역에서 판매되고 있다. 제주도민들이 먹고 마시기에도 부족한 물을 전국에 유통하려면 원수 부족은 물론 물류비용, 많은 탄소배출 등 부작용도 많다. 지금처럼 제주도의 지하수를 아낌없이 사용하다가는 육지에서는 청정 제주의 물맛을 더 이상 볼 수 없을지도 모르겠다. 제주도 내에서도 물 부족이 심각해지는데 하루에 수십에서 수백 톤의 지하수를 뽑아 올려 육지로 내보낸다면 머지않아 바닥이 드러날 것이다. 제주도에는 비가 많이 내려 지하수가 고갈되는 일은 없다고 말하는 사람들이 많다. 많은 비가 내려 급격한 시간에 만들어진 지하수는 육상의 빗물이 지하를 거쳐 올라오는 것일 뿐 진정한 지하수는 아닌 것이 된다.

제주도에서만 판매되도록 규정하고 있는 제주 초콜릿처럼 현재 우리나라 사람들이 가장 많이 마신다는 제주도의 청정 생수도 제주도에서만 판매되는 시대가 올지 모르겠다. 제주도 생수는 청정수 이미지에 물류비용이 더해지면서 육지에서 우리나라 생수 중 가장 비싸게 팔리고 있다. 평소 우리나라 생수 유통에 문제가 있다고 느끼던 참에 제주도에 여행 중에 생수를 사기 위해서 마트에 들렀다가 웃지 못할 장면을 목격하고 말았다. 제주도에서 생산되는 생수는 육지에서 판매되는 생수의 절반 가격에 팔리고 소위 육지에서 물 건너온 생수는 물류비용을 더해 제주도 생수보다 두 배 정도 비싼 값에 판매되고 있는 것을 본 순간 청정지역 제주의 생수가 우리나라 최고의 물이라는 명제가 순식간에 사라졌다.

제주도의 청정 생수가 우리나라 제일의 물맛과 깨끗함을 자랑한다면 육지에서 생산된 다양한 상표를 가진 생수는 제주도에서는 구경하기 힘들어야 할 것인데 육지의 물이 더 많이 유통되는 걸 보고 이건 아니지, 하는 생각이 들었다. 제주도 생수가 얼마나 맛이 없으면 다양한 상표를 가진 육지의 생수가 저렇게 많이 유통되고 있나 싶었다. 무엇보다 청정 제주의 환경오염이 걱정되었다. 우리나라에서 가장 청정한 제주에 육지의 생수가 들어오면서 발생시킨 대기환경 오염과 유통을 위한 소음과 분진 등 탄소 마일리지가 오롯이 청정지역 제주도에 남아 있다는 점이다.

우리나라의 유통에 문제가 있다고 보고 개선되어야 한다. 이유는 최근 일본에서 자리 잡고 있는 '지산지소' 운동과 같은 맥락인데 흔히 지산지소라는 것은 '그 지역에서 생산한 것을 그 지역에서 소비하자'로 해석한다. 생수를 예로 들어보면 멀리 떨어진 지역에서 생산되어 높은 탄소마일지를 가진 생수 대신 낮은 물류비용으로 저렴하게 구입할 수 있는 우리 지역의 생수를 소비하자는 것이다. 우리 지역 생수를 이용하면 물류로 인한 환경오염과 도로파손 등을 줄일 수 있고 지역경제도 살리는 일석삼조 효과를 거둘 수 있다.

나는 평소 내가 사는 지역에서 생산된 생수만 사서 먹고 혹 여행이나 출장을 가면 그 지역의 물맛도 볼 겸 역시 그 지역의 생수를 사서 마신다. 옛 선조들은 지역을 여행할 때 물갈이에 대해 많은 주의를 당부했다. 평생 자기가 나서 생활한 지역에서만 먹고 마시던 물맛에 길들어진 몸이 다른 지역의 물을 잘 못 먹으면 배탈이 나고 몸이 붓는 등 문제가 생겼기 때문이었다. 요즘처럼 지구 반대편의 생수도 가져다 먹는 세계화 세상에서 그 지역의 생수만 먹으라는 것은 말도 안 되는 소리로 들릴 수 있겠지만 사람들의 잘못된 소비행태로 물류에 따른 지구온난화가 가속화되고 있는 것은 사실이다. 불필요한 물자수송으로 인한 에너지 낭비는 국가적인 손실과 환경오염을 발생시키고 있다.

유럽의 알프스 만년설을 녹여서 만든 생수가 우리나라에 들어와 우리나라 생수의 열 배 정도 비싼 값에 판매되고 있다. 그 생수가 내가 사는 마트의 냉장고에 들어오기까지 얼마나 지구환경을 오염시켰는지 제대로 알 필요가 있다. 우리 지역에서 생산되는 물도 맛있는데 굳이 유통산업으로 불리며 오랜 시간 동안 찜통의 트럭에 실려 수송되면서 물맛도 변질 되고 이때 발생하는 환경오염이 지구온난화를 가져온다. 내가 사는 지역에 미세먼지도 잔뜩 뿜어 놓고 다시 수백 킬로미터 떨어진 생수 공장까지 또 실으러 간다. 우리의 잘못된 소비 습관으로 인해 초래되는 지구온난화는 기후변화를 가져오며 이 기후변화는 물 부족을 초래하는 악순환이 진행 중에 있다는 사실을 알아야 하겠다.

빗물 활용시스템은 핵심 미래산업

독일의 대표적인 생태 도시인 프라이부르크시의 주택에는 옥내주차장 구석에 설치된 통에 빗물을 받는데 가득 차고 나면 우수관으로 흘러나가도록 설계가 되어 있다. 이렇게 모은 빗물은 간단한 여과장치를 거쳐 화장실 변기 물로 사용하거나 정원을 가꾸는 데 사용하는데 미네랄이 풍부하게 녹아 있어 식물의 영양제로는 제일이다.

우리나라는 사람들이 마실 수 있도록 많은 돈을 들여 소독한 수돗물로 화장실 변기에 사용하고 또한 소독되어 미생물이 거의 없는 상태의 물을 화초를 가꾸는 데 사용한다. 염소 등 각종 약품으로 소독된 수돗물은 수도 배관의 부식을 앞당기고 이 물을 얻어먹은 앞마당의 식물들도 자람이 좋지 못하다. 우리나라도 건축물에서 빗물이나 건물지 하에서 뿜어져 나오는 지하수를 이용하도록 법이 강화되고 있는 것으로 안다. 하지만 법이 만들어져도 국민이 제대로 지키지 않는다면 아무런 소용이 없다. 건축은 물론 농업, 공장 등 다양한 산업군에서는 지금부터라도 빗물 저장 시스템을 의무화해야 한다고 본다. 여름철 장마가 사라지고 국지성 폭우가 내리는 현재의 기상 여건에서는 빗물 활용시스템은 핵심 미래산업이 될 것이 분명하다.

　우리나라 산수국프로젝트가 성공하면 물이 소재가 되는 절수 장치와 시스템, 빗물과 중수도 활용, 지하수 관리, 오·폐수 정화처리 등 관련 기술력을 세계로 수출하게 될 것이다. 많은 나라는 안개를 물로 바꾸는 연구도 활발히 진행 중이라고 한다. 지금부터라도 절수 관련 산업을 발전시킬 수 있는 다양한 지원과 제도마련이 필요하다.